青少年 科普知识 读本

打开知识的大门，进入这多姿多彩的殿堂

U0676232

重点推荐

最具魅力的名城古镇

金 帛◎编著

河北出版传媒集团

河北科学技术出版社

图书在版编目(CIP)数据

最具魅力的名城古镇 / 金帛编著. --石家庄：河北科学技术出版社, 2013.4(2021.2重印)

ISBN 978-7-5375-5799-3

Ⅰ.①最… Ⅱ.①金… Ⅲ.①城市-世界-普及读物
Ⅳ.①K915-49

中国版本图书馆 CIP 数据核字(2013)第 074763 号

最具魅力的名城古镇
zui ju meili de mingchengguzhen
金帛 编著

出版发行	河北出版传媒集团	
	河北科学技术出版社	
地　址	石家庄市友谊北大街 330 号(邮编:050061)	
印　刷	北京一鑫印务有限责任公司	
经　销	新华书店	
开　本	710×1000　1/16	
印　张	13	
字　数	160 千字	
版　次	2013 年 6 月第 1 版	
	2021 年 2 月第 3 次印刷	
定　价	32.00 元	

一座座名城、古镇就是一段沉淀的历史，也是人类发展历程的见证。世界各地可谓名城古镇众多，各有各的文化特色。这里有宏伟的高楼大厦，有时尚的购物街区，有世外桃源的美景……这一切都汇聚在或大或小的名城古镇中，掩藏着人们恒久的梦想和追求。

你想在城墙内搜罗美丽的传说吗？你想在胡同街巷中吃到可口的小吃吗？你想在小街里买一些可爱的小玩意吗？你想目睹皇家的辉煌吗？你想在衙门里做一回父母官吗？你想在护城河旁静静地回味历史吗？你想抚摸斑驳的城墙，体会它的沧桑吗？你想登上壮观的城楼，遥想当年的硝烟吗？如果你喜欢名城古镇那些特有的味道，如果你想感受与你所在的地方不一样的风俗文化，那就出发吧，带上《最具魅力的名城古镇》！

本书向青少年读者介绍了不同国家、不同地区著名的城市、著名的古镇，它们各有各的文化特色、各有各的风景名胜。书中将城市最鲜明的景物和古镇最独特的人文情怀结合在一起，为读者呈现出名城古镇最美丽、最引人入胜的"经典面孔"。

让我们领略一下这些名城古镇的美好风光吧，看看它们和我们平时在那些电视里、电影中、明信片上出现频率最高的风景与书中介绍的有什么不同。在你出去旅游之前，看看此书，相信对你一定会有帮助的。

本书以细腻美妙的文字，加上优美的风景图片，让你犹如在导游的解说下，身临其境，感受名城古镇的魅力。

前言

魅力名城古镇——亚洲篇

目录

Contents

最具魅力的名城古镇

魅力名城古镇——欧洲篇

最具魅力的名城古镇

魅力名城古镇——非洲篇

目
录

魅力名城古镇——美洲篇

目录

Contents

魅力名城古镇——亚洲篇

北京——伟大的首都

北京简称京，位于华北平原北端，西、南、北三面与河北省相邻，东南毗连天津市。北京面积1.68万平方千米，是中国的首都，中国的政治、文化中心和国际交往的枢纽，也是一座著名的历史文化名城，与西安、洛阳、开封、南京、杭州并列为中国六大古都。

曾经鱼人说过"伟大的城市让我们产生激情"。这句精辟的言论用在北京这座城市是最合适不过的。北京是一个能让人产生永久不息的激情，并在漫长的历史进程中孕育、催生过伟大文化的城市。作为几代帝都和今日中国首都的北京，读它的过往与现在正可谓是读中国的历史和现状。

历史除了留给我们一段段有关北京的模糊的文字、一个个老去的故事之外，还留下了古刹、宫殿与一片片色彩已斑驳的琉璃瓦、一蓬蓬衰草和一扇扇曾是朱红色的大门。看到这些不得不想起明永乐皇帝朱棣，他手捧玉玺，从南京迁都北平，第一道诏书把北平改为北京，在元朝的废墟上沉沉放上龙椅，用朱红大笔指点乾坤。明清两代的皇宫便在故宫定了位，一个接一个的皇帝在这里发号施令。从此北京成了一个不可取代的帝王象征。故宫，连名字中都带有浓重的宫廷气息，怪不得古往今来无数的帝王都如此眷恋这个地方。故宫又称"紫禁城"，是明清两代的皇宫，也是世界上最大的宫殿，它在利用建筑群体烘托皇帝的崇高与神圣方面，可谓登峰造极。

故宫内部有一个显著的特点，那就是对称，不仅殿堂建筑此起伏，互相对应，甚至连道旁的石兽石柱、城边的角楼、屋脊上的雕刻，也都成双配对，相映成趣。整齐对称，构成了故宫建筑的独特风格和宏伟气氛，给人以稳重、博大、庄严的感觉。

故宫强调了皇权的至高无上，强调了人与自然的绝对分离，宽广的庭院中难寻一草一木，宫中的几处花园只是一种无力的点缀。

虽然圆明园曾经的辉煌我们已经无缘目睹，但是从书本中我们依稀可以看到圆明园中璀璨瑰丽的文物珍品是怎样让欧洲人惊叹不已的。如今的圆明园虽已是残垣断壁，但当你看到西洋楼遗址和欧式雕刻的气派不凡的大柱时，是否会感觉到它的沧桑与悠远？

圆明园，曾以其宏大的地域规模、杰出的营造技艺、精美的建筑景群、丰富的文化收藏和博大精深的民族文化内涵享誉于世，被誉为"一切造园艺术的典范"和"万园之园"。

它继承了中国三千多年的优秀造园传统，既有宫廷建筑的雍容华贵，又有江南水乡园林的温婉多姿。同时，又吸取了欧洲的园林建筑形式，把不同风格的园林建筑融为一体，在整体布局上使人感到和谐完美。真可谓"虽由人做，宛自天开。"圆明园不仅以园林著称，而且也是一座藏品相当丰

富的皇家博物馆。法国大作家雨果曾说："即使把我国所有圣母院的全部宝物加在一起，也不能同这个规模宏大而富丽堂皇的东方博物馆媲美。"

北京古迹之多、园林之秀、山水之胜饮誉中外。这里的明十三陵、故宫、圆明园、房山金陵等无不在向人们诉说着过往的帝王风采；以董家林商周遗址、周口店猿人遗址为代表的古文化遗址，还有那"燕京八景"的卢沟晓月、琼岛春阴、金台夕照、太液秋风、玉泉趵突、蓟门烟树、居庸叠翠和西山晴雪早已闻名天下。

在北京这座绚丽多彩的城市里，历史与现实、过去与现在、古老与新生，是如此错综复杂而又和谐完美地交织在一起，让这座历史悠久的古城焕发出无限的生命力。

南京——江南佳丽地，金陵帝王朝

南京属亚热带季风气候区，气候温和湿润，司机分明，年平均气温15.4℃，夏热冬冷，春秋短暂。冬季多东北风，夏季多东南风。雨量充沛，年降水量998.6毫米，适合南北方各种植物生长，绿化品种丰富多彩，自然植被由落叶阔叶林过渡到常绿阔叶混交林，丘陵山地广布马尾松、麻栎、枫香、冬青、槐。市内雪松、梅、水杉、银杏、悬铃木、广玉兰、桂花等成为街道和庭院绿化的主要树种。雪松为南京市市树、梅花为南京市市花。

考古发现南京地区有6000多年前旧石器时期的溧水县神仙洞遗址，5000多年前新石器时期的原始村落遗址200多处，已发掘清理了市中心北阴阳营遗址；列为文物保护单位的有通济门外土城头东窑子山、湖熟镇周围六处土墩、陶吴乡昝庙等处。距今三四千年前的青铜器时期居民点遍及秦淮河流域、玄武湖滨和长江两岸各支流台地上。

早在春秋战国时期，南京地处吴头楚尾，当年长江逼近石头山（清凉山）下，秦淮河的入江口在水两门一带，因此沿江山丘成为军事前哨或冶炼作坊，先后建过3座古城，这就是冶城、越城、石头城。

佛教传入江南，最早在东吴孙权时。建初寺位于秦淮河南大市后面，其前市后庙的布局传统一直延续到今天的夫子庙步行商业区。据史书载，梁武帝信佛，都城内外寺庙500余座。梁武帝创建同泰寺，今称鸡鸣寺。钟山南北70多座佛寺至今尚存，栖霞山栖霞寺以千佛岩石窟闻名。

金陵城，是南唐都城，周长14.5千米，开8门，跨淮立城，位置较六朝的建康城南移，把已荡平的六朝宫城区划出城外，把秦淮河两岸繁华的商市区、居民区包入城内。其南到中华门（当时的南门），北到珠江路南干河沿，东到大中桥（当时的东门），西到水西门和汉西门（当时的西门）。另有3座水门，上水门即是东水关，下水门是西水关，运渎入淮处立栅寨门，今称铁窗棂。都城外的护城河，北面利用六朝遗留下的宫城护城河加以拓宽，向西引申到乌龙潭。东面以青溪做水源，裁弯取直；南面拓宽死马涧，东头接通秦淮河，西头绕过城的西南角在下水门接上外秦淮，这个水系至今仍在。

逛南京有像逛古董铺子一样的感觉，到处都有时代侵蚀的痕迹，你可以触摸，可以凭吊，可以悠然遐想，想到六朝的兴废，王谢的风流，秦淮的绝迹。它总给人一种神秘的色彩。

如果你有幸走在烟雨朦胧的南京，看到远处的小桥掩映在重楼叠宇中，站在桥上的细雨中，小河折折弯弯，这时会看到无数栋歌楼酒肆错落有致地拔地而起，在烟雨中出现，婉约而别致，还可见一艘艘小船穿梭，或行或停，这时会不由得想起"夜泊秦淮近酒家"的江南情景。

风花雪月只是南京的一个侧面，桨声灯影也仅仅是表象，人们不该忘记的是它的血腥，东南萎靡的民风是胜利的残暴造成的。这个城市的醉生梦死，既是亡国的原因，也是亡国的结果。"一国兴来一国亡，六朝兴废太匆忙"，郑板桥咏南京，很伤感地写了这么两句。

越是用血写成的历史越容易让人记忆深刻，你想明白也好，想不明白也好，南京人无法回避怀旧的情结。

南京是一本最好的历史教科书，阅读这座城市，就是在回忆中国的历史。南京的每一处古迹都带有浓厚的人文色彩，凭吊任何一个遗址都意味着与沉重的历史对话。

西安——文明的摇篮

西安,古称长安,位于中国西部地区,是陕西省的省会,中国七大区域中心城市之一,是中国西北地区经济、教育、文化、交通的中心。西安与埃及首都开罗、意大利首都罗马、希腊首都雅典并称世界四大历史文化名城(又称世界四大文明古都)。在中国著名的六大古都中,西安是作为国都时间最长、朝代最多的一个。1981年联合国教科文组织把西安确定为世界历史文化名城。

最早在西安建都的是西周。西周自公元前1046年武王灭殷算起,至公元前770年平王东迁,共在西安附近建都275年。后来周王朝东迁,西安就渐渐地湮废了。战国时期秦国逐渐强大起来,孝公十二年将国都定在西安附近渭水北岸,在今咸阳市以东约10千米处,随后在咸阳建造了著名的阿房宫作为朝宫。秦国建都咸阳达142年之久。

秦朝灭亡后,汉王朝为了国家能够"长治久安",将新都改名为长安,在今西安西北约10千米的地方建城。西汉在长安建都220多年,随着东汉迁都至洛阳以后,长安也就衰落下来。魏晋南北朝时期的战乱使长安遭到了毁灭性的破坏,后来虽然有前赵、后秦、西魏、北周等分列割据政权在长安建过都,但都为时不长。

直到隋文帝统一全国以后,才在长安重新建立新都。到唐朝时,仍名为长安。唐代的长安城不但规模空前,而且

经济繁荣、文化发达、交通方便，汇集着许多国内兄弟民族和世界各地来的外国朋友、使臣、商人及留学生等，成为当时世界上最大的城市之一。同时，长安城的建筑技术、规划设计、布局方案等方面，对当时日本和中国东北部的渤海国等邻国首都的建造以及中国以后历代首都的建造都产生了很大的影响。

唐代以后，中国历代王朝再也没有在西安附近建都，一直是元代西安基本上没有扩大，只有明代为了驻兵才扩大了城的范围。今天西安残留下来的古城就是明代修建而成的。

这里有距今80多万年的蓝田猿人遗址，有号称"世界第八大奇迹"的秦始皇陵兵马俑军阵，有展示中国历史缩影的历史博物馆，有迄今为止世界规模最大、保存最完整的古城垣……帝王陵墓、皇家园林，陶俑彩塑，以及历代碑林画壁无不熠熠生辉。

走在西安的街上，也许会让你有一种错觉：不知今夕何年、身在何处，不知自己走在繁华如锦的盛唐，还是沐浴在秦时明月下，抑或是吹拂着汉朝的风。这里曾有"小雨润如酥"的天街，"晓钟万户开"的金阙，贵妃倚栏的沉香亭，李白

醉卧的小酒家，一切历史的古典气象和神韵已融化在西安的空气中，仿佛近在眼前，却似乎可望而不可即，历史的旖旎映现到这座城市的灵魂中，随手抓一把黄土，都会令我们感觉到历史的凝重……

而当看到落日在城墙上投下斑驳的影子时，便如看到了历史的书卷，透过万顷沧桑，于历史的沉默里虔心虔意感知它古老而年轻的呼吸，用一颗平静无波的心灵为之祈祷、为之祝福。

开封——疗伤的净土

开封，简称汴，现为河南省直辖的地级市，位于豫东平原，西距河南省省会郑州70千米；地处中华民族历史发源地、中国文化摇篮的缓和南岸，是一座历史悠久的文化古城；享有七朝都会、文化古城、大宋故都、菊城之盛名。开封是中华人民共和国国务院首批命名的国家历史文化古城之一，也是中国六大古都之一。

开封历史悠久，据考古发掘发现，早在新石器时代这里就有人类的活动。开封建城的时间可追溯到公元前743年至前701年，郑国国君郑庄公为向中原扩张，命郑邴在今开封城南朱仙镇古城村附近筑城，名启封，取"启拓封疆"之意。战国时期，公元前364年，魏惠王从山西安邑迁都今开封市所在地，时称大梁。公元907年，后梁建都开封，升汴州为开封府，号称东都。后晋、后汉、后周相继建都开封。公元938年称开封为东京。公元960年，后周禁军大将赵匡胤发动陈桥兵变，定都开封，建立北宋。

北宋时开封是"东京汴梁"，历经9帝168年，繁荣兴旺达到鼎盛，风光旖旎，人物荟萃，城郭恢宏，经济发达，人口逾百万，富丽甲天下，不仅是全国政治、经济、文化的中心，也是当时世界上最繁华的大都市之一。史书曾以"八荒争凑，万国咸通"来描述当时北宋东京的盛况。1127年金国灭北宋后，开封成称为"汴京"。贞元元年（1153年），海陵王完颜亮迁都到中都大兴府，改汴京为"南京开封府"，为金国陪都。正隆六年（1161年）初，完颜亮南下侵宋，一度以"南京开封府"为统治中心。贞祐二年（1214年），金宣宗为避蒙古军锋，迁都"南京开封府"。

元朝之后，开封为中原省治。由明朝起，直到中华民国撤守为止，开封都是河南省的省会。1840年鸦片战争以后，中国进入了半殖民地半封建社会，河南成为上海、天津、汉口的原料供给基地和外国商品倾销的市场。开封是当时河南省的省会，首当其冲受到这种影响。1938年6月，日军占领开封。1948年10月，中国人民解放军接管开封，成立开封特别市，仍为河南省省会1954年10月，省会有开封迁至郑州，河南省开封变为省辖市。

北宋画家张择端的一幅《清明上河图》，将北宋都城汴梁和汴河两岸清明时节的风俗世情描绘得栩栩如生、淋漓尽致。开封的清明上河园位于开封城西北，东与龙亭风景区毗邻，是以《清明上河图》为蓝本，集中再现原图风物景观的大型宋代民俗风情游乐园。该园占地0.33平方千米，其中水面0.1平方千米，拥有大小古船50余艘，各种宋式房屋400余间，是中国最大的气势磅礴的宋代古建筑群。园区内芳草如茵，古音萦绕，钟鼓阵阵，形成一派"丝柳欲拂面，鳞波映银帆。酒旗随风展，车轿绵如链"的栩栩如生的古风神韵。

开封大相国寺位于开封的市中心，是中国著名的佛教寺院，始建于北齐保六年（公元555年）。该寺历史悠久，是我国汉传佛教十大名寺之一，在中国佛教史上

有着重要的地位和广泛的影响。《水浒传》描写的鲁智深倒拔翠柳的故事，就发生在这里。大相国寺后因战乱水患而损毁清康熙十年（1671年）重修。目前保存有天王殿、大雄宝殿、八角琉璃殿、藏经楼、千手千眼佛等殿宇古迹。1992年8月恢复佛事活动。复建钟、鼓楼等建筑。，

传说，大相国寺原为战国魏公子无忌——信陵君的宅院。后寺院毁于战火，唐景云二年（公元711年）重建。大相国寺原名建国寺，唐延和元年（公元712年），唐睿宗为纪念其由相王登上皇位，赐名大相国寺。时至北宋时期大相国寺达到空前的鼎盛，辖64个禅、律院，占地0.36平方千米，因受帝王崇奉，地位如日中天，是我国历史上第一座"为国开堂"的皇家寺院。

开封铁塔位于河南省开封城内东北隅铁塔公园内。之所以叫铁塔，是因为它的外表全是用褐色的玻璃砖镶嵌而成的。褐色的砖从远处看起来就像是铁，再加上塔的本身坚固异常，犹如铁铸一般，所以叫它"铁塔"。

开封铁塔建于北宋（1049年），是开封唯一的宋朝遗迹，距今已有近千年的历史。铁塔现高56.88米，为八角十三层，是国内现在琉璃塔中最高大的一座。它完全用了中国木质结构的形式，塔身修长，高大雄伟，遍体通砌褐色琉璃砖，砖面蚀以栩栩如生的飞天、佛像、伎乐、花卉等图案50多种。令人惊奇的是塔虽为仿木砖质结构，但塔砖如同斧凿的木料一样，个个有榫有眼，有沟有槽，垒砌起来严密合缝。

开封铁塔正是以这种精湛绝妙的建筑艺术和雄伟秀丽的修长身姿而驰名中外，被誉为"天下第一塔"。铁塔自建成至今，已然经过1000多年的风雨洗礼，经过了43次地震、19次风灾等自然灾害，还有一些人为的破坏，却始终巍然屹立，像一位历史的目击者和承受者，站立在中原低平的土地上，诠释着它的冷峻，它的隐忍。

开封包公祠位于开封城内碧波荡漾、风景如画的包公湖西畔，与延庆观毗邻，是后人为纪念北宋名臣包拯而建的一座祠堂，也是目前国内外观规模最大、资料最全、影响最广的专业纪念包公的场所。包公的故事在中国可谓妇孺皆知，我国的传统戏曲曲目中《铡美案》生动描述了这位清官是怎样的不畏

强权、执法如山。包拯在北宋时期曾任开封府尹，一生为官清廉，其功德为后人世代传颂。

包公祠中，雄鹰展翅欲飞，小鸟独立枝头，鱼翔浅底，花团锦簇，小动物憨态可掬，艺术品巧夺天工……已成为国家旅游局开发建设的中原旅游区的重要景点之一，也是河南省十佳旅游景点之一。

洛阳——千年帝都

洛阳得天独厚的地理位置为牡丹的繁衍生息提供了良好的自然条件，故有"洛阳地脉花最宜，牡丹尤为天下奇"之称。

洛阳是十三朝古都，先后有夏、商、周、东汉、等13个王朝在此建都，是国务院首批公布的历史文化名城之一和著名古都。洛阳东傍嵩山，西依秦岭，南含伊阙，北靠邙山。自古就有"九州腹地，十省通衢，河山拱载，形势甲天下"之誉。

规模宏大的大都遗址，数以万计的古代墓葬，给洛阳披上了一层怀旧的面纱，它虽然没有西安的雄浑、北京的霸气、南京的细腻、杭州的妩媚动人，但它却有"妻孥熙熙，鸡犬闲闲"的悠闲自在的生活，有女皇武则天进行的龙门建设生活，除此之外还有那肆意张扬姿态的牡丹。那真可谓是"唯有牡丹真国色，花开时节动京城"。恐怕只有这国色天香的"万花之王"牡丹，才配得上这座饱经沧桑的"十三朝古都"吧。

牡丹在栽培演化过程伊始就与洛阳结下了不解之缘。洛阳牡丹始于隋，盛于唐，而"甲天下"于宋，至今已有1500多年的历史。在这漫长的历史进程中，洛阳牡丹不仅以其雍容华贵、国色天香而美誉遐迩，也以其造化钟情、天下君临而总领群芳。洛阳也成为人们心目中的牡丹之圣地。洛阳牡丹的栽培始于隋朝，隋炀帝（公元605—618年）"周二百里为西苑……易州进二十箱牡丹"，并记述了牡丹的品种和名称。宋高承"隋炀帝世始传牡丹"，可见洛阳为我国最早的牡丹栽培地之一。

洛阳具有丰富的牡丹文化，它是河洛文化的重要组成部分，是华夏民族文化的一朵奇葩。从唐宋开始出现的赞颂牡丹的诗词、歌赋、小说、故事以及绘画、刺绣等量大且内容丰富。由于人们对洛阳牡丹的至爱，千百年来流传的关于洛阳牡丹的种种神话故事和趣闻逸事更是家喻户晓。人们把牡丹比作造福人类的天使，反抗强权的正义化身，把她塑造成美丽、善良的仙女，等等。洛阳考古发掘墓葬中发现的有关表现牡丹内容的珍贵文物，以及现存的古代建筑上的牡丹纹饰，是研究牡丹史、绘画史、建筑史、雕刻艺术史等不可多得的资料。表现牡丹题材的戏剧歌曲、影视音乐以及工艺美术等作品争奇斗艳，琳琅满目。洛阳牡丹文化的发展，推动着河洛地域周边牡丹文化的发展，为形成中国的牡丹文化奠定了基础。

杭州——诗意的天城

杭州位于中国东南沿海，浙江省省会，长三角的副中心城市；浙江省政治、经济、文化中心；中国东南重要交通枢纽。杭州经济发达，有"钱塘自古繁华"之称。

不管你是否看过映月的荷花，不管你是否身处六月的西湖，不管你是否被暖风熏醉，杭州总有让你心动的地方。

有人说杭州是普度众生的方舟，是指引众生走向精神的家园。杭州自秦汉以来已经有2200多年的历史，它是华夏文明的发祥地之一。杭州曾经是五代吴越国和南宋王朝两代的建都地，是我国六大古都之一。杭州虽没有北京沉重的辉煌，没有上海大都市的繁华，没有西藏神秘的惊鸿，但它有一种脱俗的极致美。这是任何城市都无法拥有的，这种脱俗就仿佛是与生俱来的一样，无法仿效。

"东南形胜，三吴都会，钱塘自古繁华。烟柳画桥，风帘翠幕，参差十万人家。"北宋初年柳永的这首《望海潮》据说引得金主完颜亮对杭州垂涎三尺，遂有投鞭渡江之意，杭州的魅力由此可见一斑。这里还有那风景秀美的灵隐寺、飞来峰、岳庙、六和塔、雷峰塔、钱王陵、太庙和胡雪岩故居等文化古建筑，无不展示了杭州从古至今的灿烂文化。

杭州文化璀璨，积淀深厚。也许正是这样，历代的文人墨客才在这里留下了丰富的历史遗迹和诗词绘画。可说杭州处处有故事，不管是浪漫还是凄惨，都给极致美的杭州留下了最动人的几笔。杭州还是四大发明中活字印刷术发明者毕昇、《梦溪笔谈》作者沈括等伟大人物的故乡，杭州还有"文化之乡"的美称，因为这里汇聚了众多中国古代的政治家、科学家、艺术家、民族英雄、贤明州官和能工巧匠。

杭州西湖像人性的伊甸园，把人们对天堂的美丽向往，真实地呈现在人间。古往今来有多少文人墨客为它写下诗篇，杭州西湖已不仅仅是一处景，它背负着太多的历史与文化沉淀。从某种意义上来讲，它已经成为中国文化的一个侧面象征。

西湖之美，天下共赏；阴晴雨雪，各呈其态。有言"晴西湖不如阴西湖，阴西湖不如雨西湖，雨西湖不如雪西湖"。那雨中的西湖，似有寒烟四起，"猛浪若奔"，人在孤岛，心生凉意，虽没有陈子昂"念天地之悠悠，独怆然而涕下"的苍凉感，而杜子美"飘飘何所似，天地一沙鸥"的悲凉感是少不了的。

妩媚的西湖常常被人们视为秀丽俏丽的女性，文坛巨子苏东坡有诗云："水光潋滟晴方好，山色空蒙雨亦奇。欲把西湖比西子，淡妆浓抹总相宜。"他将西湖比作中国第一美人西施，可想而知西湖的美了。

美丽的神话故事《白蛇传》中白娘子与许仙的相会之断桥，位于白堤始端。断桥之名得于唐朝，古时桥上有门，门上有檐，下雪时中间一段的雪都在门檐上，桥上只有两头有雪，远远望去桥像断了一样，所以称作断桥。

桥桥境有御碑亭、等亭轩，面临里西湖，与宝石山、保俶塔隔湖相对，山、

塔、湖、亭、桥与湖边桃、柳组成一幅如画景色，十分迷人。断桥是通往孤山的必经之路，每当雪后人们纷纷去断桥欣赏西湖雪景，孤山与里西湖银装素裹，格外动人，因称"断桥残雪"。

杭州之所以成为江南名城，不仅仅因为它有天时、地利之便。美人只是靠自然条件是远远不够的，没有灵魂的美人是纸糊的。如果你有幸来这里走一遭，你就会体验到那种灵魂与外在完美结合的美了，那真可谓是"暖风熏得游人醉，直把杭州作汴州"。

拉萨——离天最近的地方

拉萨古城以历史悠久、历史文化遗存十分丰富而著称于世。

在拉萨市区及其附近，保留了大量的名胜古迹，如闻名中外的布达拉宫、大昭寺、小昭寺、罗布林卡；黄教的六大喇嘛寺在拉萨就有哲蚌、色拉、噶丹三座；还有保留完整的拉萨古城及其他古建筑、碑刻等。在布达拉宫等国家重点文物保护单位里珍藏的许多稀有文物瑰宝，不但以其极高的历史文化价值令人赞叹不已，还传述着许多生动的历史故事和传说。

布达拉宫位于拉萨市中心，宏伟的宫殿群依山势而建，整个红山成了它的基座，从山下到金顶高110余米，主建筑外观为13层，全部建筑面积13万平方米，规模宏大，气势磅礴，壮丽辉煌，为全国重点文物保护单位，也是拉萨城市的标志，1994年列入世界文化遗产名录。布达拉宫始建于松赞干布时期，1645年重建时保存了当时的修法洞和本尊观音佛堂。五世达赖时期曾先后3次用了近50年的时间进行重建和大规模扩建，后来又经多次增修与改建，始具今日的规模。

19

布达拉宫不仅以宫殿群为主体，还包括山下的建筑群和后山的龙王潭。山上的宫殿区按外形色彩分为白宫和红宫两大部分，措钦夏（东大殿）是白宫最大的宫殿，建于 1645 年，殿内有 44 根大柱，墙上绘有壁画，殿门高悬清政府所赐"振锡绥疆"匾额，这是达赖举行坐床、亲政大典等重大宗教活动的地方。东大殿向上是白宫的最高处，为达赖寝宫，俗称"日光殿"。红宫留有 8 座历代达赖的灵塔及佛堂，其中以五世达赖的灵塔殿最大，殿堂有 3 层，塔高 1485 米。西大殿是红宫最大的宫殿，有 48 根方柱，面积 680 余平方米，殿内高悬清帝御赐"涌莲初地"匾额，中间是达赖宝座。其余厅堂佛殿甚多，高低叠错，浑然一体，红檐白墙，金顶辉映。宫内所藏珍宝、佛像、祭器、雕塑、壁画、经书典籍等文物难以计数，是一座巨大的西藏历史文化的博物馆。同时，登上布达拉宫顶层，还可远眺拉萨全城的美丽风光。

山下部分藏语称"雪"，主要包括原西藏地方政府机构、印经院以及为达赖服务的作坊、马厩等，周围有宫墙和碉堡，东、南、西方各设有宫门，南为正门。龙王潭为布达拉宫后山下的园林，建宫时取土为潭。湖上有小岛，传说在六世达赖时，九头龙王曾在这里显灵，要求为他修建宫殿。亭阁建成后取名"鲁康"，即龙宫之意，故称园为龙王潭。园内花木繁茂，尤以左旋柳等古树临湖横斜，更是婀娜多姿。

曲阜——礼仪之乡

"千年礼乐归东鲁，万古衣冠拜素王。"在山东省的西南部，有一个孔姓人口占了全城人口1/5的小城，它就是有着2500多年悠久历史，圣人孔子的故乡——曲阜。曲阜之所以享誉全球，是与孔子的名字紧密相连的。

孔子（公元前551年—公元前479年）名丘，字仲尼，是春秋末期伟大的思想家、政治家和教育家，儒家学派的创始人，也是世界上最伟大的哲学家之一。孔子的学说在战国时代带动了孟子、荀子的思想，使儒家成为战国时期百家争鸣时实力较强的一家。在汉武帝，经过董仲舒的改造，孔子的学说逐渐成为中国的正统文化，影响着每一个中国人的思想和行为模式，影响了中国历史发展进程，还影响到东南亚和东南亚各国，特别是朝鲜和日本。孔子学说成为东方人品格与心理的理论基础，甚至可以说是整个东方文化的基石。

历朝历代，孔子从一个朴实的教书先生逐渐增添了各种光环，从至圣先师到大成宣王，随着孔子的封号越来越多，孔子的故乡曲阜也成为中国历史上唯

一一处"家大过国"的城市。

人们来到曲阜,为的就是探寻古代圣人的足迹。孔庙、孔府与孔林,这三孔构成了曲阜的核心,整个曲阜城就是三孔的外延。

孔庙建筑规模宏大,雄伟壮丽,金碧辉煌,比之故宫也不多让。它的原址可以上溯到孔子死后的第二年,鲁哀公将孔子的故宅改建为庙,由此开始了祭祀孔子的历史。而随着历代帝王不断加封孔子,孔庙的规模也不断扩大,今天看到的宏大规模,是清朝雍正帝下令大修的结果。

孔庙平面呈长方形,南北长约 1300 米,总面积 13.3 万平方米,共有九进院落,贯穿在一条南北向的中轴线上,对称排列。孔庙群的布局属于"方根"体系,由大方小方、前后左右庭院有机组合成为建筑空间的整体。仿皇宫的体制,分成中、东、西三路布局,从整体上掌握了方位与礼制的秩序。

孔庙的第一道门是棂星门,高 10.3 米,阔 13 米,始建于明永乐十三年(1415 年),原是木质结构建筑,清乾隆十九年(1750 年)重修,改为铁梁石柱。古代皇帝祭天时,先祭棂星,孔庙设棂星门,表示祭祀孔子的规格如祭天一样,尊圣如尊天。棂星门两侧设两个门坊,门坊前曾立一石碑,碑书"官员人等至此下马",人称"下马碑",过去官民从此经过,必须下马,以示尊敬。

孔庙最就有特色的是在第五道门的后面至院北端有座高大的木质结构楼阁——奎文阁。奎文阁建于宋代天禧二年(1018年),"奎"是星名,"奎星"是中国古代二十八星宿之一,主管人间文章的兴衰。奎文阁暗示孔子"至圣之先师"的地位。

如果说三孔是曲阜的核心,那么孔庙就是三孔的核心,而大成殿则是孔庙的核心。唐朝时,这间殿堂称为文宣王殿,北宋天禧五年(1021年)大修时移到今址。喜欢给人加封号的宋徽宗即位后,于崇宁三年(1104年)收《孟子》中"孔子之谓集大成"语义,下诏更名为"大成殿",此后,大成殿的名字一直沿用至今。

清朝雍正二年(1724 年),政府下令重建大成殿,九脊重檐、黄瓦覆顶、雕梁画栋,八斗藻井饰以金龙和玺彩图……种种规制并不低于北京故宫。正中竖匾上刻着雍正帝御笔手书"大成殿"三个贴金大字。殿高24.8米,坐落在2.1米高的殿基上,既为全庙最高建筑,也是曲阜城内最高的建筑,其尊贵与威严令人不由自主地屏住呼吸。

大成殿前的杏坛是孔子生前讲学的地方。宋代之前,这里是大成殿基址,天禧二年(1018年)大成殿北移,才在这里筑坛植杏,以纪念孔子杏坛讲学。现在的杏坛是一方亭,高12.05米,宽7.37米,重檐十字脊,朱红廊柱,金色亭顶,四面歇山,双重半拱。

若在清晨时分徘徊于这世界上最大的孔庙门前,会有另一番味道。空气透着些草木的香气,晨曦穿过路旁槐树叶子的空隙,斑驳陆离,并不宽阔的街道让人深感惬意。

孔府位于曲阜城中心孔庙的东侧,占地面积约1.6平方千米,有楼房厅堂共463间,九进院落,三路布局。孔府与孔庙相比,风格较朴素,屋顶用青瓦,梁柱用黑漆,彩绘也不是最高规制。东路为东学,是衍圣公习读的地方,主要建筑有一贯堂、慕恩堂、孔氏家庙及作坊等。西路便是西学,是衍圣公会客的地方,有红萼轩、忠恕堂、安怀堂及花厅等。

孔府的主体部分在中路,分前衙与后宅两大区。孔府大门坐北朝南,宽三间,深二间。门前左右有雌雄双狮,大门正中上方高悬蓝底金字"圣府"匾额,由明代权相严嵩题写。两旁悬挂蓝底金字对联"与国咸休安富尊荣公府第;同天并老文章道德圣人家",出自清代才子纪昀的手笔。

孔府的二门就是建造奇巧的重光门。这座门独立院中,类似遮堂门。门的四根圆柱下有石鼓,上面承托彩绘檐檀屋顶,前后缀有垂木雕金花蕾,又称"垂花门",门上悬有明代皇帝亲颁的"恩赐重光"匾额。这是孔府的仪门,只有在迎接圣旨、举行喜庆大典和进行重大祭祀活动时才鸣13响炮后开启。

重光门的正前方是大堂。大堂是衍圣公宣读圣旨、接见官员、整饬家事以及举行仪式的地方。大堂正中设朱红暖阁,彩绘流云八宝,内置公案,暖阁上悬"统摄宗姓"匾,上刻清顺治帝赐给衍圣公孔毓圻的圣旨。

在清代,皇家女不嫁外人,只有孔家例外。清乾隆帝曾将女儿许配给孔子

第七十二代孙孔宪培，孔府造慕恩堂以资纪念。

坐上载客的三轮车，从孔府出发前往孔林，在这样凉爽的清晨，绕着周边的街道，但觉晨风扑面。即使是作为家族墓地的孔林，也不显得阴森，而别有些微曛的气氛。

孔林是孔子及其家族的专用墓地，也是目前世界上延时最久、面积最大的家族墓地。孔子葬于城北泗上，他的后代从冢而葬，时日积累，形成了今天的孔林。从子贡为孔子庐墓植树起，孔林内古树已有万余株。自汉代以后，历朝历代都对孔林重修、增修，以致形成现在总面积达两平方千米的规模。这是一个很好的自然博物馆，也是孔氏家族的一部编年史。

昆明——春城飞花

昆明位于云贵高原中部，气候温和，地处滇池盆地内。城市三面依山，南滨滇池，景色秀丽，风景资源丰富。

昆明市城区海拔 1900 米左右。在昆明市域中部的群山环抱中，有着一片岩溶高原地貌形态的盆地，属断陷湖积盆地，面积约千余平方千米，地势北高南低，逐步下降，盆地的西南部，就是著名的滇池所在。滇池犹如一颗晶莹的明珠，镶嵌在群峰碧翠之中。滇池古称滇南泽，又名昆明湖、昆明池，是中国西南第一大湖，面积 310 平方千米。

蜀汉建兴三年（公元 225 年），蜀丞相诸葛亮出师南中（今云南、贵州西部及四川西南部），到达云南滇池地区。诸葛亮采取以降服和扶植地方民族大姓势力和支持地方经济发展为战略的方针，在白崖地区以七擒七纵的战略，降服了地方势力代表孟获，以民族团结政策平定了南中。这样，既巩固了蜀国后方，又从南中获得了大量人力、物力的补给，同时也促进了滇池地区经济文化的发展。南中平定后，改益州郡为建宁郡，郡治移至味县（今曲靖）。

地方"大姓"爨氏统治400年。晋代初，南中地区置宁州，统辖建宁等四郡，滇池地区属建宁郡。公元340年前后，"大姓"爨琛建立地方政权，受封为宁州刺史，并且其世袭也得以永认，从此开始了爨氏对云南的统治。公元479年，南朝在滇池地区置晋宁郡，辖七县，仍属宁州。公元581年，隋代在今昆明置昆州，爨氏后裔爨玩为昆州刺史。唐代时，云南西部有六诏，蒙舍诏地处最南称南诏，唐皇朝支持蒙舍诏统一其他五诏，建立地方政权"南诏国"，封首领皮罗阁为云南王。南诏于公元745年进兵灭爨氏，据滇池地区。爨氏统治宁州、昆州400余年，今曲靖和滇中地区是历史上爨氏的统治中心。

南诏建东都拓东，大理立东京鄯阐。公元741年，南诏王阁罗凤（皮罗阁之子）派长子凤伽异入朝，唐授鸿胪卿，并以王室女妻之，册封凤伽异世袭云南王，据滇池地区。公元765年，阁罗凤命长子凤伽异在今昆明城区筑拓东城，以开拓东部，并定为东都，为南诏第二个政治中心，后又改称鄯阐城。公元902年，南诏政权崩溃。公元937年，段思平建大理国，分八府四郡三十七部。鄯阐府为八府之一，也是大理国东京。在南诏、大理地方政权前后统治的516年间，与唐、宋王朝保持着臣属关系，在此期间，鄯阐城经济文化有很大发展，成为滇中最繁盛的一座城池。城址在今昆明城区南部。

1254年，元灭大理政权后，开始以"昆明"命名鄯阐。1274年置云南行中书省，赛典赤·赡思丁为首任平章政事（相当于今省长），省治由大理迁到昆明。从此，昆明成为云南省的政治、经济、文化中心。

平遥——四方城内的辉煌

　　平遥，史称古陶，相传为尧帝的封地，距今已有2800多年的历史。平遥古城整体空间布局井然有序，以南大街为中轴线，市楼跨街而过，对称布局，至今古城保持着传统的布局与风貌。商店铺面一般都是沿街的二层阁楼，结实高大，檐下绘有彩画，房梁上刻有彩雕，后接青砖灰瓦的四合院，形成前街后宅的功能格局。整个平遥呈现出一派古色古香的小城风貌。

　　平遥古城是仿灵龟形式设计的。龟城意在长寿不老，坚如磐石。在这种思想的指导下，人们设计了以瓮城为结构的六道城门，南门为首伸出，并在门外凿水井两眼，恰似龟眼；第六门向东弯曲，好像龟尾东甩；东南门分别有三门向南弯曲，像龟在向前爬行，只有东门拉直，开向东方，据说这是为了将灵龟拴在城东北10千米外的慈相寺的麓台塔上，不让它跑掉。

　　平遥古城墙历史悠久，相传旧有夯土城垣为西周大将尹吉甫所筑，明洪武初年，为防御北方少数民族的侵扰，在旧城垣的基础上加固为砖城。城池周长

6163 米，墙高 10～12 米，上有垛口、敌楼、角楼、魁星楼和瓮城等建筑。落日黄昏之时，走到城墙边，在城墙长长的阴影中找一个小小的角落，静静地坐着，聆听岁月的叹息，就可以奇迹般地找到内心久违的平和。

平遥古城中，最令人瞩目的是耸立于全城中心的市楼。全楼共分三层，逐层收缩，楼身显得挺秀高耸。井上楼，是指市楼东南脚下有一水井，世传井内水色如金，故市楼又名"金井楼"。

如果对平遥彩塑感兴趣，就一定要去城西南的双林寺。这座建于北齐武平二年（公元 571 年）的古寺保存有元代至明代的 2000 余尊彩塑造像，被世人称为"彩塑艺术的宝库"。双林寺殿堂内有佛、菩萨、罗汉和天王等彩塑近 2000 尊，大的有几米高，小的只有几十厘米。这里的罗汉因不同的法力、职务和出身经历都有不同的形象、动作及表情。如有一尊菩萨单腿盘坐在红色莲花瓣上，左腿翘起，整个身躯突出壁外，侧身扭腰，手抱左膝，神态安详。其左侧的韦驮最为特别，刚柔相济，武中蕴文，神采奕奕，被艺术家称为"极品""神品"。

平遥是一个令人感慨良多的地方。这里是"晋商"的发源地，曾经是全国的金融中心，独力撑起了中国商业的半壁江山，多少人怀着对过去那些辉煌岁月的向往，如一个虔诚的朝圣者般来到它的面前，探寻它曾经的神秘光芒。

明清两代，晋帮商人逐渐崛起，发展成为中国举足轻重的商业集团。清道光四年（公元 1824 年），平遥西大街的中国第一家票号"日升昌"应运而生。"日升昌"票号成立三年后，其分支机构已发展到山东、河南、辽宁和江苏等地。后来票号又从平遥发展到包括祁县、大谷在内的 11 家。到清末，山西票号已有 33 家，在中国境内 85 个城市和日本东京、大阪、神户乃至俄国莫斯科等地的分号有 404 处。山西的票号几乎垄断了中国的金融业务。

在平遥城西大街上，保存完好的"日升昌"票号的建筑体现了山西晋中建筑的传统特色，是晋中商业店铺的风格和经营票号的空间使用的完美统一。它占地1400平方米，拥有房屋21座，建筑总面积1240平方米。建筑空间形式采用三进式穿堂楼院，临街铺面、过厅和客厅都位于南北中轴线上，庭园和厢房沿中轴线对称布局，临街铺面长15.45米，高7.8米，面广5间，分上下两层，门厅居中。前院前半部的厢房为对外营业的柜房，其室内地下挖筑成为金库。后半部的厢房为内部管理用的信房和账房。前院的3间正房，明间为过厅，次间为经理办公、起居的地方。后院是客房、厨房和厕所，主要是为各地分号来人而设。另外，东侧还有一条贯通西大街到后街的马车夹道，前夹道有书房，后夹道则有厕所、马厩。整个建筑群的四周除临街的铺面外，东西南三面均筑砌了高大的砖墙。

在众多的晋商大院中，乔家大院随着《大红灯笼高高挂》的上映而成为晋商大院的代表。虽然乔家大院并不是晋商大院里规模最大的，但其占地面积达8724平凡米，建筑面积3870平方米。晋商大院的规模由此可见一斑。

乔家大院规模庞大，布局严谨而特色，是院中有院、院内套院的建筑形式。踏入乔家大院的大门，便是一条看似寻常无奇的石铺甬道，然而曲径通幽，20多个大小院落藏于其中，甬道之外更是别有洞天，深邃富丽。院内的砖雕、石雕和木雕也堪称艺术精品，造型各异，做工考究，给人无穷的惊喜。

漫步古城中，幽深巷道里青石斑斑，这沉睡的古城似仍未从昔日的白银世界中醒来。沿着平遥的明清古街漫步，若隐若现的车辙印痕走过了岁月的磨砺，每到此时，这街上又浮现出百年前车水马龙的热闹，驮载着金钱和荣誉的车队急急走过，耳边似乎又可以听见喧闹的方言在大声吆喝着马队……晚上，平遥古城的街灯亮了，红红的灯笼让游人一下子模糊了时光的概念，这里每一家街店都彰显着历史，曾经有多少南来北往的商人巨贾成为这古老客栈的过客。

丽江——富冠诸土群

地处西南边陲的丽江，多样的地貌和立体的气候，使得这块美丽富饶的土地充满了绚烂多姿的文明历史。

丽江城外的玉龙桥是古城区与新城区的分界点，桥两岸是不同时代的建筑。与桥相连的是著名的东大街，它一直通往古城的中心——四方街。古城中集市和街市构成了动人的市井风俗画卷，而四方街便是古城集市的典型代表。相传这个面积为400多平方米的方形露天市集广场四按照木氏土司印章仿造的，以昭显权重四方。这里摊位云集，古玩百货琳琅满目，有着壮观的市集场面。四方街是明清时滇西北的商贸枢纽，茶马古道上的集散中心。以及为中心的六条五彩花石街道依山傍势地辐射开来，四通八达，置身其中，有种身处八卦陈的奇异感受。与四方街相连的新华街、光义街、新义街、黄山下段、七一街、五一街，构成了四四方方的井字街道和繁华的街市。街市上有古香古色的木柱、木门、木花窗，四周店铺客栈林立，古道上闲散的步履，身着传统纳西族服饰的老妈妈质朴的目光，这一切都宛如古铜镜中的一抹斜阳，灿烂无比。凹凸不平的石板路承载着古城的故事延伸向四周，五花石铺设成的狭长古道，以及青石的茶马古道不知让多少马蹄践踏过。明代旅行家徐霞客就是从这条五彩道路进入令人迷醉的古城的。

街市两旁是明清时代的民居，这些建筑大多是土木结构的"三坊一照壁，四合五天井，走马转角楼"式的瓦屋楼房。三坊一照壁是纳西民居中最基本、最常见建筑的形式，是正房一坊、左右厢房二坊，加上正房对面的一照壁合围成一个三合院。古朴灵巧的结构、玲珑精致的雕绘，简直是民间的博物馆。这种建筑风格中渗透着纳西族人民崇尚自然的文化精髓，古城中过的建筑因为地理原因，大多沿水而筑，家家户户都依水势建造一条与河流并行的宽大外廊，当地人称之为厦子。密布的水道东家进、西家出，穿墙过屋，形成"家家泉水，户户垂柳"的古城水乡景色。连绵的民居依势而起伏变化，房屋错落，层层叠叠，苍松翠柏中遮掩着粉墙灰瓦，最典型的要数从四方街往南走的光义街了。临街两排低矮的平房就是俗称的"地楼"，登楼远眺，一片繁华的百年聚落景象。

人民在古桥流水悠闲徜徉，阳光照耀着生命的年轮。束河古镇位于云南丽江城北，是纳西族最早的聚居点，也是木氏土司的发祥地。这里古迹荟萃。

沿束河街北走 100 米，便可找到溪流的源头——九鼎龙潭。潭水透明清澈，日夜涌泉，束河人奉为神泉，于是建有北泉寺。寺内陈设与古城其他寺院没有什么区别，倒是源边临水一角，有一个"三圣宫"楼阁，为传统四合院，里面供奉着皮匠祖师。因为皮匠是束河人的骄傲，这里有很多制皮的能工巧匠，同时也是重要的皮毛集散之地。

依山沿水是古城的一大特色，水自然是古城的灵魂。城中流水的源头就是城外玉龙桥北的黑龙潭。泉水从石缝中汹涌喷出，汇成 4 万平方米的清潭，再分流三支，形成了东河、中河、西河三条水系，穿行于整个古城。城中水上的石桥跨越了空间与时间，站立其上，有种置身江南的感觉。流水潺潺，水色清纯，夜晚水月相映，波光粼粼，还有机会看到放荷灯、送纸船等精彩民俗。

一方水土养一方人，与古城朝夕相伴的河水成为人民生活的支柱，洗刷浣衣成了一道风景。古城因为水而美丽，也因为水而变得充满灵气，而座座横跨水上的小桥又给古城增添了不少亮点。

乌镇——最浪漫的江南古镇

　　位于浙江桐乡的乌镇是典型的江南小镇，被称为"最后的枕水人家"。它古朴、清雅，气凝而土沃，地厚而人稠，为浙北殷庶之区，历史悠久，早在6000多年前就已有人在这里繁衍生息了。

　　京杭大运河绕乌镇而过，镇内四方来水，河网密布，纵横交织。千百年来，民居临河而建，傍桥而市，静卧千余米的古帮岸、水阁和廊棚透出悠悠水乡的独特魅力，"家家临水，户户通舟"，形成"水巷小桥多，人家尽枕河，""柳桥通水市，河港入湖田"的独特景观。

　　据《乌镇镇志》记载：乌镇位于京杭大运河西部，有着1300多年的建造史，俗称两省（浙江、江苏）、三府（嘉兴、湖州、苏州）、七县（乌程、归安、崇德、桐乡、秀水、吴江、震泽）交界之地。河西为乌镇，属湖州府乌程县；河东为青镇，属嘉兴府桐乡县。清代文人施曾锡曾有："苕溪清远秀溪长，带水盈盈汇野旷，两岸一桥相隔住，乌程对过是桐乡"的形象写照。

　　走进乌镇，漫步于古镇绵延一里多长的石板小街上，古色古香的乌镇民居遗存融于秀丽的山水之中，古民居布局简洁、造型古朴、雕饰精致，在水光山

色之中自成一体，如同一幅晚清时期的"工笔画"。

在这里，桐乡拳船、花鼓戏、皮影戏、香市等民俗民情体现了浓郁的水乡情怀。自梁昭明太子筑馆读书于此开始，留下了众多人文胜迹。乌镇街道上清代的民居建筑至今保存完好。梁、柱、门、窗的木雕、石雕等工艺，甚至保持着百年来的老样子。

在乌镇市河东侧的观前街 17 号，有一座坐北朝南、四开间两进两层的木结构楼房，这就是我国现代著名作家茅盾的故居。故居分东西两个单元，临街靠西的一间房是茅盾曾读过书的家塾，故居内部的布置简单，却散发着沈家世代书香特有静雅之气。

在乌镇，还有一处著名的地方，那就是乌镇的古戏台，也就是修真观戏台。古戏台原是道观的附属建筑，建于清乾隆十四年（1749 年），与修真观一样屡遭毁损，但其1919年的那次修缮后，便一直保持到今天。戏台为歇山式屋顶，飞檐翘角，庄重中透着秀逸。梁柱之间的雀替均为精致的木雕，艺术价值极高。

戏台两边的台柱有一副对联："锣鼓一场，唤醒人间春梦；宫商两音，传来天上神仙 "正中上方悬一横额"以古为鉴"。昔日，正月初五的迎财神会、三月廿八迎东岳庙会、五月十五迎瘟元帅会等，都要在戏台演神戏，招待修真观中的诸神。平时，还演出一些"罚戏"。罚戏是乌镇传统的一种解决纠纷的方法，凡有人损害公益犯了众怒，当事人得出钱请戏班子在神前演戏，以示忏悔。现在，在古戏台，每天早上 8 时起到晚上 10 时，都会上演"桐乡花鼓戏"，这是到乌镇旅游所不能错过的。

西栅由 12 座小岛组成，60 多座小桥将这些小岛串连在一起，河流密度和石桥数量均为全国古镇之最。在这其中最为著名的就是"桥里桥"，它是乌镇最美的古桥风景，堪称桥景一绝。

在西栅有许多"老底子"的东

西，老街长达数千米，用青石板路铺就，在这上面有许多纯手工的店铺：一是手工制酱作坊，镇上的红烧菜系味道不错，很大一部分是自产自销的酱油的功劳；二是生铁锅，纯手工铸造，价格虽高但颇受欢迎；这第三个是蚕丝，益大丝号始创于光绪初年，游客可以亲手在老底子的缫丝机上操作，十分有乐趣。

夜幕降临时，坐在岸边，看对岸楼台上唱戏，或者到水边放几盏莲花灯，都会令人心醉。这里还保留着一些民俗活动。当时，女人们梳妆后各带一只平时煎药的瓦罐结队而行，过桥时将瓦罐丢入河中，认为这样可保佑在新的一年里无病无灾。到了近代，丢药罐的习俗消失了，提灯走桥演化为节日游乐和祈福的活动。

西栅的酒店和民宿也很特别，这些地方的外壳是明清十七的，内部装有空调、直饮水、天然气、宽带网络、卫星电视等，游人在古与今之间穿梭，享受着另一种"和谐"。

江南百床馆，又称赵家厅，坐落在乌镇东大街210号。它的面积约1200平方米，内收数十张明、清、近代的江南古床精品。是中国第一家专门收藏、展出江南古床的博物馆。

这里的床种类繁多，从富商大贾到极普通的平民百姓的各式木床无不具备，从一床一室到一床多室应有尽有。床的款式既有贵胄们的奢华，也有普通百姓的俭朴，此展览是中国床文化的集大成者。

这些雕工精美、历史悠久的古床在江南百床馆里可谓目不暇接，它们有的雕工精湛、风格独特，有的装饰华丽、豪华气派，无一不是江南木床中的精品。不禁让人由衷地感叹中国文化的博大精深。同时它们也从侧面反映了我国劳动人民的高超工艺、对艺术的感悟及对结构造型的丰富想象力。

看百床馆，并不在于穷究其到底能收容多少张床，而在于细细品味那一张张床上所加载的丰厚历史与生活内涵。或求平安，或求多嗣……当床也能被如此雕琢的时候，人一定是平和与幸福的，这就是古老中国人的心境。

江南民俗馆曾经是这里的一方富庶东栅的金家的居所，现在它变成了记载

江南生活的地方。这里的展示包括：晚清至民国时期乌镇民间有关寿庆礼仪、婚育习俗和岁时节令等民俗。还有用蜡像塑造的一幕幕婚丧嫁娶的话剧，十分有意思。

衣俗厅以实物、蜡像、照片等不同形式展示百余年前江南民间的穿着习俗，可以从中西合璧的风格中窥视历史的缩影。节俗厅通过一年的不同节气表现乌镇人不同的生活习俗，比如春节拜年、元宵走桥、清明香市、立夏秤人、端午吃粽、水龙大会、天贶晒虫、中元河灯、中秋赏月、重阳登高、冬至祭祖等，生动地展示了一幅江南水乡风情长卷。婚俗厅以喜堂拜堂为中心，通过新人、媒婆、父母等人物以及花轿、嫁妆等实物展示婚庆的热闹场景。寿俗厅以老人祝寿为主题，通过厅堂的吉庆实景和字画、寿幛、寿桃、寿面等特有的做寿物品，展示了敬老尊老的中华传统。

"一样的古镇，不一样的乌镇"，走近乌镇，观赏历史磨炼下尚存的古屋，品味一千多年来积淀的人文历史，任思绪的风帆在时空的交错里驰骋……

凤凰——湘西古镇中的明珠

　　相传在湘西苍茫的群山之中，跃然飞出一只凤凰，凤凰涅槃后，就演化成了一座风光如画的美丽小城——凤凰。小城山清水秀，地灵人杰，以它独特的自然景观、人文景观和浓郁的民族风情征服着世人。新西兰著名作家路易·艾黎曾到这里游玩过，并称赞它是中国最美的小城。

　　沱江穿城而过，江流舒缓、水平如镜，舟行款款，如滑动在琉璃之上。水纹细小而柔美，涟漪渐生而渐散，河水晶莹透彻、清可见底。水下藻荇丛生，随水摇曳，依依袅袅。远处画桥如虹，飞阁垂檐，极尽清丽典雅之风致。两岸青山吐翠，城郭峨峨，悬楼吊脚，一并

倒影在那清流之中。影影绰绰，似幻还真。沱江两岸，一边是各抱地势、鳞次栉比的古建筑；另一边是堪称湘西奇景的吊脚楼，吊脚楼沿河而搭，站在不同的角度观望，都会有不一样的情趣。隔岸站立凝望，吊脚楼像兵士组成的方阵，由高到低一字排开，严整中透出几分活泼。隔岸侧面遥望，吊脚楼像江岸上搭建的古栈道，那些粗细不同、有高有矮的木柱，像一个个历经沙场的壮士，把坚挺的双腿插入江中，用有力的臂膀，撑起了一个个甜蜜温暖的家，担起了整

个古城的重量。吊脚楼高高低低、错落有致，温柔细腻的线条，包裹着几许轻灵、几许柔情，它们就像凤凰的女子，作风豪放，外形纤柔，内心善良。那曲曲折折龟裂的木板，像涂了柏油一样乌黑，曾经荡漾在表面上的那一层流光溢彩的生命力已经消失殆尽，剩下的只是暗淡、沧桑，以及那内在的坚韧魂魄。

沿江而下，那清清的江水，那水中飘荡的水丝草，仿佛正荡涤着人们的心灵。一只只乌篷船，像漂浮在沱江面上的一朵朵尚未开放的喇叭花。沱江的水是平和的，一如今天凤凰人平静的生活。沱江的水是清澈的，它似乎又与凤凰人达成了一种永恒的心灵同构。她那处事不惊、优游闲适的禀性流溢出凤凰独特的人文风格。

凤凰是一座有灵魂的小城。所有与这座小城相关的情感，都沉淀到了一块块或青或红的石板上，汇集到暮色中城楼的月晕里，流淌在静静的沱江水中。依城而过的沱江，述说着历代凤凰人所有的情与爱。

岁月的长河，静静地在凤凰城的一条条石板街中流淌。每一个屋角，每一角飞檐，都是一个传说，都是一个梦。世世代代的凤凰人都是生在一个个故事中，死在一个个传说里。在他们的内心深处，都有一个属于他们的永远的精神家园。在那浅浅的江水中，还不时地看见一丝不挂的孩童在水中嬉戏；当你听见码头边上的浣纱姑娘笑声朗朗时，你会想象着水中的涟漪就是她们幸福的花朵，日复一日地荡漾在这柔柔的母亲河中……

到凤凰必须享受的就是沱江泛舟的那份清凉、悠闲与浪漫。沱江河是古城凤凰的母亲河，依着城墙缓缓流淌，世世代代哺育着古城儿女。坐上乌篷船，

听着艄公的号子，看着两岸已有百年历史的土家吊脚楼，别有一番韵味。顺水而下，穿过虹桥，一幅江南水乡的画卷便展现于眼前：万寿宫、万名塔、夺翠楼……一种远离尘世的感觉油然而生。

在沱江，虽没有小桥流水的闲

适，却能深切体会到凤凰自身孕育着的古朴风韵。沱江河水清澈，城墙边的河道很浅，水流悠游缓和，可以看到柔波里招摇的水草，也可以撑一支长篙漫溯其中。在东门虹桥和北门跳岩附近，沿沱江边而建的吊脚楼群细脚伶仃地立在沱江里，像一幅朦胧的水墨画。沱江的南岸是古城墙，用紫红沙石砌成，典雅而不失雄伟。城墙有东、北两座城楼，久经沧桑，依然壮观，让人不禁浮想联翩。

沈从文的《边城》，让我们深切地感受到了湘西所特有的风土人情，也让我们深深地恋上了凤凰。

1902年12月28日，沈从文先生诞生在凤凰古城中营街的一座典型的南方古四合院里。四合院是沈从文先生的祖父沈宏富（曾任清朝贵州提督）于同治五年（1866年）购买旧民宅拆除后兴建的，是一座火砖封砌的平房建筑。

1991年，沈从文故居被列为省人民政府重点文物保护单位，故居现陈列有沈老的遗墨、遗稿、遗物和遗像。四合院分前后两进，中有方块红石铺成的天井，两边是厢房，大小共11间。房屋系穿斗式木结构建筑，采用一斗一眼合子墙封砌。马头墙装饰的鳌头，镂花的门窗，小巧别致，古色古香。沈从文故居，成为凤凰最吸引人的人文景观之一。

虹桥，是由于沱江改道留下缺口而始建的，到康熙九年（1670年）又重建一次。它建在开挖的缺口上，为两台两墩三孔，桥净宽8.4米，高11米，长79米，主河槽两个桥墩成船形，恰似一条雨后彩虹横卧在沱江河上，故原名"卧虹桥"。民国三年（1914年），沱江河涨特大洪水，使卧虹桥受到严重创伤。后来在凤凰人湘西镇守使田应昭的主持下，按原样整修如旧，更名为"虹桥"。田应照手书的"虹桥"二字雕刻在青石碑上，1955年虹桥改键为公路路桥时，石碑被嵌砌在桥南引桥下侧的岩墙上。在凤凰民间曾经流传着这样一个说法：虹桥始建于明洪武初年，颇信风水的凤凰人都说，这座桥斩断的是龙颈，令一条巨龙身首异处。怪只怪那位和尚出身的安徽小子朱元璋，听信一位从昆仑山开始追索一支龙脉，经云贵高原来到五寨司城的阴阳先生的谗言，说屏立南郊、气势非凡的南华山和与之一脉相承一头扎入沱江的奇峰，就是

他要寻找的龙头，并由此推断出总有一天这地方会有人问鼎中原，出一位真命天子。那位朱皇帝岂能允许边远的凤凰有他潜在的对头？于是朱笔一勾，龙颈被斩，凤凰风水遭毁灭性破坏，再也出不来皇帝了。

还有传说称，虹桥的三个桥拱各垂一把锋利宝剑，被斩的蛟龙依然想苦心修炼，回归大海，无奈三把利剑无情地威逼着它，它一动荡就疼痛难忍，于是天泼大雨，电闪雷鸣。种种说法，更增添了虹桥的神秘感。

生活在凤凰城中的人，汲取了这座小城得天独厚的灵气，他们或善诗文，或工丹青。在凤凰，几乎人人都有一门深藏不露的看家绝活。生活在这么一座充满着灵性的小城市中，什么奇迹都有可能发生。正因为如此，凤凰人才如此眷恋着生长于斯的这座小城，眷恋着小城中的一条条石板街。凤凰城是美的，每一处精致都是活生生的，这里不仅仅美的是景，更美的是风情。

周庄——梦里水乡

千年的历史沧桑和浓郁的吴地文化孕育了周庄,这个以中国第一水乡著称的古镇,其灵秀的水乡风貌,独特的人文景观,质朴的民俗风情,使之成为了东方文化的瑰宝。周庄镇位于苏州市东南 38 千米,昆山市境内西南 33 千米,周庄距上海约70千米。作为中国优秀文化杰出代表的周庄,是吴地文化的摇篮,江南水乡的典范。它被世界各种组织授予了不同层次的各种奖励,无愧于"中国第一水乡"的称号。

周庄凭借得天独厚的水乡古镇旅游资源,以水乡古镇为依托,不断挖掘文化内涵,完善景区建设,丰富旅游内容,强化宣传促销,经过十多年的努力成功打造出"中国第一水乡"的旅游文化品牌。开创了江南水乡古镇游的周庄受到了中外游客的青睐,每年吸引着超过250万的游人前来观光、休闲、度假,全年旅游收入达 8 亿元。同时政府还加大招商引资力度,富贵园、江南人家、钱龙盛市等适宜现代休闲体验型的旅游配套项目的相继推出

和完善，扩大旅游规模，做大旅游盘子，使周庄旅游逐步向休闲度假型旅游发展。借助经典的江南水乡文化来展示优秀的中华文明，以文化的交融为切入点，把周庄推向国际。如此伟大的设想，不是每一个古镇都可以做到的。

天孝德民间收藏馆坐落于周庄镇城隍埭，坐西向东，是典型的明代中晚期建筑。馆内藏有自石器时代起各代藏品二十余万件，分历代民间日常生活、生产劳动用具和散落流失于民间的历代官宦用品两大类型，含八大类：木器、陶器、瓷器、玉器、铜锡器、石器、紫砂、骨角制品类。其中明清家具、历代瓷器、玉器比重最大，铜器中的花钱尤为珍贵。藏品真实反映了古镇周边地区（三县交界）的民风民俗和吴文化历史。

周庄的魅力还在于它的文化蕴涵。沈厅、张厅、迷楼、叶楚伧故居、澄虚道院、全福寺等名胜古迹，具有一定的历史、文化和观赏价值。西晋文学家张翰（字季鹰），唐代诗人刘禹锡、陆龟等曾寓居周庄；元末明初沈万三得天时地利，成为江南巨富；近代柳亚子、陈去病等南社发起人，曾聚会迷楼饮酒吟诗；当代名人到周庄采风者更不胜枚举，像台湾作家三毛那样钟情周庄，像旅美华人画家陈逸飞画了油画《双桥》后和"双桥"一样驰名世界，像著名古画家吴冠中赞誉"周庄集中国水乡之美"，像著名建筑学家罗哲文称颂"周庄是中国的一个宝"，等等，他们对周庄情有独钟，可见周庄的魅力何其无穷！

婺源——隐士精神的回归

　　婺源是一颗镶嵌在皖、浙、赣三省交界处的"绿色明珠"。它历史悠久，物华天宝，素有"书乡""茶乡"之称。相传商周属扬州之域，春秋为"吴楚分源"之地。唐开元二十八年（公元740年）置婺源县，古属安徽管辖，是古徽州"一府六县"之一。

　　粉墙黛瓦的徽派建筑、古朴纯真的吗，民风民俗、厚重深远的徽州文化在这里发展、传承并保存至今。一块块青石板上镌刻着圣贤巨儒留下的足迹，一条条溪流诉说着先辈们清白做人、勤恳做事的旧事遗梦，一座座古建筑追忆着一代代儒商的经商风范。

　　有人说，婺源是一个美得无法用语言形容的地方。富贵的红、生态的绿、厚重的黑、纯净的白和激情的黄，构成了五彩缤纷的婺源。婺源是睿智的，有着1000多年古老文化的积淀；婺源是充满活力的，满目葱绿蕴藏着勃勃生机；婺源是迷人的，小桥流水，粉墙黛瓦，呢喃软语……

　　婺源博物馆被誉为"中国县级第一馆"。婺源博物馆藏文物甚多，有陶瓷器、青铜器、书画、砚台、工艺品等各种各类的文物，多达万余件，其中等级文物就有千余件。1986年8月，国家文物鉴定会议就在婺源召开，著名学者王世襄先生特为此撰联"数赣皖学问家多出星水，愿区县博物馆皆步婺源"。

　　木板桥是婺源的特色之一，杉木建造的木板桥像金桥似的在阳光下闪闪发

光，桥下是清澈见底的江水，桥上时不时地有农夫村姑挑着担子从此经过，水光山色与木板相得益彰，妙不可言。婺源著名的廊桥当数彩虹桥，该桥始建于宋代，桥为全木结构，宽7米，长达140米，桥上鞋油"两水夹明镜，双桥落彩虹"的对联。

江湾是婺源文化与生态旅游区的一颗璀璨明珠。至今村中还较完好地保存着敦崇堂、三省堂、培心堂等古老的徽派建筑，还有水坝井、东和门等公共建筑物，极具观赏价值和历史价值。

庆源古村位于江西省婺源县东北部的段莘乡，东与浙江开化仅隔一条马金岭，与安徽黄山市的休宁县五城只隔一座五龙山。这里峡谷宽阔、狭长、幽静，美如世外桃源，地处万山之巅，阻外而溢中，是始祖们几经选择的避乱胜地，素有"小桃源"之称。庆源村口"别有天"古亭内仍然保留着古人的绝句"空山隐卧好烟霞，水不通舟陆不车，一任中原戎马乱，桃源深处是吾家"。

婺源之美，美在人与自然的和谐相处，美在文化与生态的珠联璧合。"水绕村庄花遍地"，有水的地方就有村子，有村子的地方就可以看见溪流，点缀在其间的就是红的、黄的、白的花海。乡村小道两边飞檐翘角、灰瓦白墙的徽州民居，错落有致地镶嵌在修竹掩映的林间。这样的村子应该进入袁江或张大千的山水画，浑朴有致，平易隽永。尤其在桃花春雨、金光遍地的时节，就像是古时无数文人笔下的诗，小桥流水，山明水秀，恬淡宜人。

婺源之美，美在田园。田间有村，村后有山，山上古树浓荫；村前有水，水倚田园，接天田园无穷碧。好一幅闲适清幽的淡墨素描，好一派天人合一的意境。

婺源之美，美在山水与村庄的和谐。这里素有"五岳归来不看山，婺源归来不看村"之说。"青山清水清泉，难得一方净土；徽俗徽建徽戏，自有千年古韵"是婺源的真实写照。这里有小桥流水古村落，青山秀水画中游，桃源胜境、画里乡村……

东京——江之门户

东京是日本的首都，全称东京都，是日本的政治、经济、文化中心，是日本海、陆、空交通的枢纽，是现代化国际都市和世界著名旅游城市之一。东京是全球最富的城市之一。

东京的历史可以追溯到400多年前，当时称为"江户"，1603年德川家康在这里建立德川幕府后，之后，江户开始繁荣起来。作为日本政治和文化的中心，江户在18世纪中叶开始成为一个拥有百万人口的大城市。江户时代持续了将近260年，直到1868年明治维新，德川幕府统治瓦解，皇权复兴。天皇从京都迁移到江户，将江户改名为东京，从此东京成为日本的首都。

1923年9月，关东大地震使东京变成了废墟，地震引起的大火把市中心夷为平地。据报道，死亡及行踪不明者超过 14 万人，30 万栋房屋毁坏。地震之后规划了城市修复计划，但是由于工程花费超过了国家预算，只有一小部分得以修复。关东大地震结束后不久，昭和时代在昏暗中拉开帷幕。即便如此，日本的第一条地铁也于 1927 年在浅草和上野之间开通了。

1928 年首次举行全民众议院议员选举。1931 年羽田的东京机场竣工，1941

年东京港开港。到了 1935 年，东京居住的人口增长到 636 万，与纽约和伦敦的人口相匹敌。然而 1941 年爆发的太平洋战争对东京产生了巨大的影响。为了适应战争需要，东京原来所存在的双重行政机构——东京府和东京市被取消。1943 年，府和市合并形成东京都。因此，建立了都行政系统，并任命行政长官。在第二次世界大战末期，东京被轰炸 102 次，最严重的空袭是在 1945 年 3 月 10 日。1945 年 8 月 15 日，日本接受了波茨坦公告中的条款，战争结束。经轰炸后东京的大部分地区成为废墟，到 1945 年 10 月，人口下降到 349 万，是 1940 年的一半。1947 年 5 月，日本的新宪法和地方自治法生效，通过公众投票，安井诚一郎被选举为新体制下东京都第一届知事。同年 8 月开始了现在的 23 区制。20 世纪 50 年代是日本逐步恢复的一个时期。1953 年开始放送电视，1956 年日本加入联合国。1950 年朝鲜战争的爆发，特殊景气使日本经济得以迅速繁荣起来。日本在 20 世纪 60 年代进入经济高速增长的时期。由于进行技术革新，引入新工业新技术，这一时期，人工合成纤维和电视机、电冰箱、洗衣机等家用电器开始进入大量生产时期，使东京居民的日常生活发生了巨大的转变。1962 年东京人口突破 1000 万。1964 年，奥林匹克运动会在东京举行，新干线（高速列车）开始运行，首都高速公路开通，为东京今天的繁荣打下了基础。

进入 20 世纪 70 年代，高速经济增长的负面影响开始日益明显，日本开始被空气、水污染、高度的噪音污染等环境问题所困扰。1973 年的石油危机使多年快速的经济增长开始出现停滞。到了 20 世纪 80 年代，由于国际经济活动的增加以及信息社会的出现，东京在经济发展上迈上了一个新台阶。东京成为世界上屈指可数的大都市之一，并且还有很多引以为傲的魅力之处，如最尖端的技术、信息、文化和时装以及高度的公共安全。但是，这些快速的发展导致了一系列的城市问题，如环境水平下降、交通拥挤和救灾物资准备不足等。1986 年以后，土地和股票价格开始呈螺旋式上升，这就是众所周知的"泡沫经济"现象。日本在泡沫经济下得到了巨大的发展，但是随着 20 世纪 90 年代初泡沫的破裂，长期的经济萎靡产生税收衰减，导致了当地政府的财政危机。步入 21

世纪，现在东京处于一个历史的转折点。通过落实多方面的开拓政策，东京正在努力战胜自身所面临的危机，力争成为理想的极具吸引力的都市。

日本不仅是一个经济文化和科学技术都高度发达的国家，它还是一个有着传统文化情结的国度。像日本人这样迷恋自己传统文化的民族真的很少，而浅草这个地方就是一个可以很好地感知和认识日本文化的地方，其中以浅草寺最为著名。浅草位于东京东部，是东京的"母亲河"。它至今保留着大量具有江户时代特征的各种店铺、街道和民风民俗。漫步于浅草，你随时都可以感受到江户时代古朴、纯真的情调和氛围。

浅草寺是浅草的中心，它建于公元628年，是东京最古老的寺院，其正中高悬着"观音堂"匾额，寺内供有观音菩萨。浅草寺前有一条300余米长的笔直的石头路，一直延伸到雷门，是人们参拜观音的必经之路，这条路被人们称作是"仲见世"路。现在道路两旁是一家挨一家的小店铺，专门出售供神用品、江户玩具、特色糕点和小吃以及具有浅草特色的旅游纪念品等，其中有许多久负盛名的百年老店。这条街道是浅草最热闹、最有人气的地方，终日人潮如流。

每年5月在浅草都会举行东京最大的祭祀庆典活动——三社祭，它也是全国屈指可数的大祭之一，是日本盛大的节日。规模宏大的"三社祭"一共持续3天，在庆典活动上，人们都穿着江户时代的服饰，二三十人一组抬着载有神灵的"神舆"走向寺庙。

日本是樱花的国度，日本人把樱花看作是最神圣、最文明、最能代表日本人情感的国花。每年4、5月间，是樱花盛开的季节。日本人都要去赏花，这是每年都必不可少的活动。东京有很多赏樱花的地方，上野公园就是其中之一。它不仅是东京有名的赏花地，而且在日本全国都是最负盛名的。在每年4月5日前后，上野公园1300余株樱花树吸引着十万以上的全国各地游客。赏花对于一直处在快节奏紧张工作中的日本人来说无疑是一个放松心情、调节身心的好机会。借此时机全家人还可以齐聚一堂，度过一个轻松愉快的节假日，惬意极了。除了上野公园外，新宿御苑、井之公园。隅田川公园、皇居等地也是东京赏樱花的极好去处。樱花让东京显得更富人情味，更有自然美。

京都——樱花烂漫在岚山巅

　　京都是日本一座拥有悠久历史的城市，位于日本的主要岛屿——本州岛的中西部。京都在公元794年被定为日本的首都，当时名为"平安京"，是日本的政治及文化中心。"首都"在日本当时称为"京之都"，因此"京都"后来成为此城市的专有名词。京都具有浓郁的日本风情，是日本人心灵的故乡。

　　京都的历史要追溯到公元5世纪，那时朝鲜半岛新罗的秦氏移民来到这里。公元794年，桓武天皇迁都到平安京，也就是现在的京都。此后的近1100年里，京都一直是日本的首都，直到1869年明治天皇将首都迁到东京，前后共有70多位天皇在此居住。

　　平安京建立的时候正是我国的唐代，那时两国交往非常紧密。在公元8世纪的时候，京都分为东、西二京，东京效仿洛阳，西京效仿长安，皇城位于大路的北端。因此日本人总喜爱称京都为"洛阳""洛城"，简称"洛"。公元894年，日本废止了遣唐使政策，我国文化源源不断地传播至日本的历史也被终止了。

　　中世纪的时候，京都的宗教活动和民间工商业得到了发展，京都成为新佛教兴起的中心，在北山、东山、西山的山麓建起了许多寺院。13世纪到15世

纪，随着时代的推进，作为宗教文化都市，京都被赋予了特有的景观和性格。自1467年始，历时11年的"应仁之乱"的战火使得京都遭受了毁灭性的打击，后来的恢复重建花费了近500年的时间。即使如此，也再无法回到从前的样子。一个完整的京都就被分成了上下两个区。

丰臣秀吉在统一政权之后，填埋了两个区之间的间隔，对整个京都进行了大规模的恢复性建设。京都成立以来，首次在周边地区盖起土居，中心地区新建了天皇的皇居——御所。新建的聚乐第宫殿金碧辉煌。这些都将京都推向了繁荣时代。接下来的德川政权，使得神社寺院得到显著的复兴，城市恢复了中世纪以来的宗教文化都市的面貌。

18世纪到19世纪，宝永、天明、元治的三场大火使京都损失惨重。人们积极地进行恢复性建设，终于使得这枝日本文化之花长盛不衰。1869年，明治政府把首都迁往江户（现在的东京），京都作为千年皇城的历史终于落下了帷幕。但京都人以一种永不妥协的精神，使得京都继续保持着从前的繁荣，不但出现了世界知名的学术机构和先端产业，而且使京都成为著名文化遗产胜地，每年吸引着成千上万的各地游客前来京都饱览千年古都的风情。

大马士革——天国之城

　　叙利亚首都大马士革，位于叙利亚西南部克辛山麓，依山临水，风景优美，拥有4000多年的历史，是世界上最古老的城市之一。

　　大马士革约建于公元前200年。昔日，这里是商队东进沙漠、西去贝鲁特的要站，因这里手工业比较比较集中而得名"大马士革"一次是希腊人用希腊文记录下来的阿拉伯语，意为"手工作坊"。还有一种解释说大马士革为"绸缎"之意。古代的大马士革被称为"天国里的城市"。阿拉伯古书中曾这样写道："人间若有天堂，大马士革必在其中；天堂若在太空，大马士革与它齐名。"在当地居民中流传着这样一个美妙的故事：有一天，伊斯兰教创始人穆罕穆德来到大马士革的郊外，从山上眺望全城，顿时被城市绚丽多彩的景色所感动，但他观赏了一会儿后没有进城，而是转身往回走。对从者惊讶不已，忙问其原因。穆罕穆德解释道："人生只能进天堂一次，大马士革是人间天堂，如果我现在进了这个天堂，死后怎能再进天上的天堂呢？"这虽然是传说，但现实中的大马士革的确是一座恍如仙境的城市。古代阿拉伯的那些文武大臣、王公贵族、富商巨贾都希望

51

活着的时候能居住在大马士革，死后能安葬在这块土地上，因为一部古书中曾这样写道："真主宠爱谁，就把谁安顿在大马士革。"

历史上，大马士革曾荣获许多赞誉之词，如"园林之城""诗歌之城""清真寺之城"等，古往今来一直是人们所向往的地方。这座城市位于雄伟的克辛山脚下的一片平原上，坐落在巴拉达河两岸，阿瓦什河流经城郊，整个城市内外水道纵横，波光粼粼。河道两旁一排排白杨树挺拔秀逸，城市四周草绿花香，万木争艳。市区幢幢别致典雅的白色房屋和清真寺掩映在绿荫丛中。每当夕阳西下，落日的余晖把整座城市染得一片金黄，此时清真寺的宣礼塔上传出呼唤人们进行祈祷的喊声，全城充满了浓烈的宗教气氛。总之，大马士革以其悠久的历史留下了神奇的传说和众多的古迹，而得天独厚的自然环境给它带来了生机勃勃、欣欣向荣的景象。

历史上，大马士革不知经过了多少帝国的兴衰，在漫长的岁月中历尽沧桑。它看到过赫赫一时的罗马帝国和拜占庭帝国被新兴的阿拉伯帝国所击败；看到过倭马亚王朝的阿拉伯帝国时代，此时的大马士革进入全盛时期；经受过阿巴斯王朝给予的严重摧毁；经历过阿拉伯民族英雄萨拉丁指挥的大败西方十字军的著名战役。随后，奥斯曼土耳其帝国统治大马士革达 400 年之久。法国殖民主义者也在这里统治过 30 多年。连绵不断的帝国战争，不计其数的天灾人祸，使大马士革许多珍贵的历史文物遭到破坏。今天，漫步在大马士革城内，仍然会看到一座"古迹之城"，被保存下来的著名古建筑很多，全市有 250 座清真寺，建于公元 705 年的倭马亚清真寺是伊斯兰最著名的清真寺，也是世界上最古老、最富丽堂皇的清真寺之一。清真寺附近的罗马神话中主神朱庇特的神庙遗迹和阿拉伯民族英雄萨拉丁的陵墓也是久负盛名的古迹。大马士革城堡富有珍贵的历史文化价值，建于 11 世纪，占地 3.2 万平方米，全部采用巨石砌成。大马士革享有"阿拉伯世界古文物荟萃地"的声誉，古城区于 1980 年被联合国教育、科学及文化组织列入世界文化与自然遗产保护名录。

雅加达——万岛之都

　　印度尼西亚的首都雅加达，是东南亚最大的城市，是太平洋与印度洋之间的交通咽喉，更是亚洲通往大洋洲的重要桥梁。

　　早在14世纪，雅加达就以胡椒、香料吸引了许多中国和阿拉伯的商人。1527年，加拉巴被淡目国占领，改名为"查雅加尔达"，意思是"光荣的堡垒""胜利的城市"，雅加达一名就由此演变而来。1592年后，荷兰殖民者将魔抓伸到了印度尼西亚，他们在此建立了便于加强统治的荷兰东印度公司。直到第二次世界大战之后，印度尼西亚才赢得了独立，建立了共和国，定都于雅加达。

　　印度尼西亚是一个历史悠久的文明古国，爪哇岛是印度尼西亚文化的摇篮。在这里，雅加达人繁衍生息，自己制作青铜器和铁器，之后还受佛教色彩的影响建立了史上最强大的麻喏巴歇封建王国。在麻喏巴歇王国之后，印度尼西亚社会开始受伊斯兰教的影响，在这期间的文物具有伊斯兰教色彩。在15世纪，由于受到西方殖民者的统治，印度尼西亚渗透着西方社会的一些特点。另外在雅加达的历史博物馆中有记载：印度尼西亚石器时代文化受到来自云南地区的

中国文化的影响。到了公元前 1~2 世纪，印度尼西亚人民已能制造青铜器和铁器，这种生产的发展同样也受到了中国文化的影响。

雅加达是印度尼西亚的经济中心，这里有印度尼西亚最大的银行和全国性商业、的管理机构。它的主要工业有食品、机械和造船等。其次，雅加达还是印度尼西亚的文化中心，这里有国立印度尼西亚大学以及其他国立和私立高等学校。还有许多科学研究机构，如印度尼西亚科学院、国家档案馆、摄影测量研究所、工业调查研究所、中央统计局、水文地理和考古研究所、语言和民族文化研究所、气象学和地球物理研究所、经济和社会研究所等。

雅加达是一座璀璨的城市，它的璀璨不仅来自于古代的历史遗迹，更来自于它本身旖旎的自然风光。

布哈拉——伊斯兰穹顶

漠海中的布哈拉，有着大大小小的蓝色穹顶和以蓝调为主的釉面墙壁。幽静的街道上，偶见身着深蓝色大袍的人走过，一阵干爽的风拂面而过，给人一种走到天边的感觉。它位于欧亚大陆最深的腹地，在丝绸之路兴盛的年代里，是沟通东西方文明商路上一颗闪亮的明珠。

布哈拉城建立于公元前1世纪，位于泽拉夫尚河的低洼灌溉河谷地区，面临沙赫库德运河，坐落在一块绿洲上。丝绸之路途经此处，古迹距离贯穿黑海地区的铁路线15千米，距撒马尔罕250千米。历史上，布哈拉城是宗教和贸易中心，现为乌兹别克斯坦布哈拉州首府。

在公元4世纪并入匈奴恹哒王朝之前，布哈拉城归属库善帝国，由西徐亚人组成的萨卡王朝统治了这一地区。公元709年，阿拉伯人占领该地后，布哈拉成为巴格达的重要文化中心。公元892—999年，布哈拉成为萨曼王朝的国都。11—12世纪期间，在突厥喀喇汗王朝的治理下，布哈拉的经济和文化一直保持着繁荣的景象。

1220年，铁木真的蒙古骑兵攻陷了布哈拉，并放火焚城。1273年和1316年，蒙古人再度入侵。1370年，布哈拉并入铁木真王朝版图之后，城内涌现出大量建筑精品。在15世纪末，在反复争夺的无数次大小战争中，布哈拉逐渐衰败。16世纪，谢巴尼德的乌兹别克人建

立了布哈拉汗国，作为首都和新兴国家的中心，布哈拉再度繁荣。但布哈拉最终成为邻国侵略的牺牲品。1753年，它成为新的曼吉特王朝的首都，直到1917年苏联十月革命。

布哈拉的城市设计和建筑对中亚许多地区的城市规划都产生了广泛影响。布哈拉是中亚地区最完美无缺的中世纪城市典范，当时的城市布局至今保存完好。

据文献记载，自公元9世纪起，古城狭窄蜿蜒的街道就被三种不同的建筑区分开来：城堡、城市自身建筑以及商栈。旧市区内建有长方形街区，四周环绕城墙，用于防御的城墙反复毁于战火又反复重建，在几个世纪的岁月之中改变了城市的风貌。16世纪时，城墙周长12千米，116座敌楼和11座两侧带有塔楼的城门护卫着城市，现今还遗留下来两座城门。东城墙外面的城堡为中亚细亚最大的城堡之一。

布哈拉的遗迹除了很多16世纪的建筑外，还有大量古老的伊斯兰建筑，包括建于公元9世纪末10世纪初的伊斯梅尔萨曼王陵，堪称中亚建筑艺术的杰作。卡里安尖塔建于11世纪，是布哈拉最高的建筑物。此外还有马高基——阿塔里清真寺、查尔清真寺、拉希穆汗清真寺和谢伊费德丁纳·布哈尔兹陵墓，建筑物多为宗教场所，但也留有不少商业建筑，如商栈和市场。这些当地的建筑由砖瓦房和土坯平顶房构成，而且临街一面缺少窗户。富户人家都装饰着雕花大理石镶条和壁间。

布哈拉曾是中亚伊斯兰神学研究的中心，建有许多神学院和伊斯兰高等教育学府，1509年所建的库克尔达什神学院是中亚地区最大的神学院。在萨曼王朝时代，文学和科学都很发达，当时的布哈拉宫廷图书馆藏有很多珍贵的手稿，每一门科学和文学书籍都设专室藏贮。15~16世纪形成的布哈拉画派留有很多作品。

瓦拉纳西——轮回的圣地

瓦拉纳西以前称为贝拿勒斯，历史上还有"加西"之称，因城市地处印度北方邦恒河中游的瓦拉纳和阿西两河之间，1957年改为现名称，是取两条河的名称合成的。瓦拉纳西享有"印度之光"的称号，是印度恒河沿岸最大的历史名城。

瓦拉纳西就是印度教徒心中的"耶路撒冷"。这个印度北方邦的城市相传由婆罗门教和印度教主神之一的湿婆神于公元前6世纪建立，拥有超过1500座以上的寺庙，建筑风格各异，形状多姿多彩，有着浓厚的宗教色彩，尽管有的庙宇已经很残旧，每年接受数百万信徒和有人的参拜。印度人心目中的圣河——恒河正流经这里，印度教徒的人生四大乐趣——住瓦拉纳西、结交圣人、饮恒河水、敬湿婆神，就有三个要在瓦拉纳西实现。

印度金庙也叫维西瓦纳特庙，是瓦拉纳西寺庙中地位最高的一座，位于恒河浴场以北的街上，在原来的维西瓦纳特庙被莫卧儿王朝的一位皇帝摧毁后，于1776年重建。这座庙宇供奉湿婆大神，对前来瓦拉纳西朝拜的信徒，它是个必访之地，但非印度教徒是不得入内的，一般的游客只能在金庙对面的楼房高

处俯瞰庙内情景，也可从寺院后面小道的壁洞中窥视庙宇内部。

金庙塔楼高耸，镀金的圆塔顶映着蓝色的晴空，显出一派庄严富丽的气派，据说，金色的庙顶共用去了880千克的黄金，所以称它为"金殿"。

千百年来，瓦拉纳西的恒河岸边就这样年复一年、日复一日地上演着相同的一幕，空气中永恒不变地漂浮着各种香料气味。印度教徒相信，在恒河中沐浴净身，可以洗去一切"罪孽"。在他们一生之中，至少要有一次到恒河沐浴净身，并希望死后能在这圣城的圣河举行火葬，把骨灰撒入恒河，因此每年都有百万以上的印度教徒来此聚集，沐浴净身并举行大型宗教集会。对于印度教徒而言，瓦拉纳西是最接近天堂的地方——天堂的入口，用圣水冲刷掉自己身上的污浊或罪孽，达到人生超脱凡尘、死后到达天国永生的愿望。

在迷宫一样的大街小巷里穿梭的神牛依然和几世纪前一样拥有崇高的地位，外面的发展对于这个古城的影响实在是微不足道，时间仿佛在这里已经停顿。恒河依旧东流去，世界却就此永恒。

佩特拉——梦幻都城

  1981 年，约旦国王侯赛因颁布法令，用一座历史文化古城来命名国家通讯社，这座古城就是举世闻名的"石头城"佩特拉。

  佩特拉在约旦的南部，坐落于胡尔山东部山脚下的穆萨谷地之中。其山北部是大名鼎鼎的死海，西部则是巴勒斯坦被占的领土和埃及的西奈半岛。

  许多世纪以来，关于佩特拉有一则神话故事一直流传于约旦民间：在南部广袤的沙漠中，有一条神秘的峡谷。很久很久以前，一批神人在那里修建了许多宏伟的建筑物，并在里面藏了无数珍宝。一代又一代的寻宝者牵去探寻，但都败兴而回。直到1812年，英国游客约翰·白克汀特无意中发现了它，佩特拉才浮出水面。于是，佩特拉迎来了近两个世界的考古发掘，使我们知道了古罗马时代，阿都玛人和纳巴蒂人曾在这一带生活，并先后建都，使此处成为中东著名的商业中心。公元 106 年，它成为罗马帝国的一个行省。公元 7 世纪，阿拉伯人侵入，它被遗弃。

  远在 2000 多年前，是佩特拉的土著居民在那些玫瑰色的砂岩峭壁上雕琢出

了这座城市。

在逶迤绵延的穆萨山谷的巨岩中间，一条狭窄弯曲的小道通向佩特拉。小道两边的悬崖峭壁高 70～100 米，峡谷宽处约 7 米，窄处仅能通过一辆马车。岩壁上刻有纳巴蒂女神杜莎拉的小祭坛和供水的大水槽。佩特拉自古就严重缺水，先民们就在峭壁上凿岩建成供水系统，其艰难可想而知，其精神惊天动地。公元 3 世纪，一位国王将公主许配给了引水的英雄，并特别命令工匠们在巨岩上凿了一个宫殿，名为本特宫，意为"女儿宫"。据考证，女儿宫具有拜占庭式的建筑艺术风格。它的南北两道门各有 12 根大石柱，衬托着高达 20 米的石头宫殿，气势十分雄伟。

现存的卡兹尼陵墓由纳巴蒂人于公元前 1 世纪凿成，大门高 40 米，宽 28 米。门面色泽依然鲜艳，让人禁不住想象当年那巧夺天工的雕琢场景。陵墓分上下两层，上有 6 根、下有 4 根罗马式石门柱，巨岩大厅的壁面至今依稀可辨烟熏火燎的痕迹。这是佩特拉最漂亮的一座石雕建筑。

从卡兹尼陵墓前的谷地向右，可见到佩特拉重要的古迹——古罗马剧场，这是公元 2 世纪罗马征服者的杰作。整个剧场依山凿成，共 34 排，拥有可容纳 6000 名观众的阶梯形座位。舞台建在一块大岩石上，周围有四根粗大的石头圆柱。现今，那些高大的廊柱虽然早已倒塌，但无形无色的匠心与气势仍能穿透时空，让人倾倒。近年来，约旦当局加快了对佩特拉的考察和研究速度。在发掘的 700 多处历史遗迹中，大部分是神庙或灵庙。

佩特拉的兴废似乎并没有惊心动魄的、可令人反复咀嚼的事件，但面对断墙残壁，人们还是要兴起时光无情、人生苦短的慨叹。

吴哥——密林中的绝唱

阇耶跋摩七世依循许多先王的旧例，在吴哥平原划出一块地方，加建了许多庙宇。其中最不寻常的是为他自己建的巴容庙。

阇耶跋摩七世所造的城称为"吴哥城"，城四周有一圈方形壕沟，里面一度养着鳄鱼。壕沟每一边长逾 3 千米，内有 7 米高的城墙加强防护，现在这些城墙都长满了树。主要的通衢都循东西、南北方向布置，跨越壕沟从城门进入城里，城门洞开得既高又宽，可供御象通行。所有通过城门的大道都在城中心的大庙——巴容庙前相交，格子状的街道把全城分成许多区，有些街道两旁有水渠。

城内的面积比整个古罗马城还要大，但是大多数老百姓都住在城外广大的郊区，因为城里几乎全是王宫、寺庙和官衙。

考古学家已经一步步弄清楚古柬埔寨王国的日常生活情况。村庄分布在水渠两旁，水渠是这个国家的生命线，靠它引水灌溉稻田。那些村庄也和吴哥城一样，围绕着一条通衢建造，四周围着竹篱。

从阇耶跋摩七世所造的巴容庙墙壁上的浅浮雕，可看出吉蔑人无忧无虑的日常生活。他们拿鸡和鱼去交换别的物品，在木制凉棚下乘凉休憩。有些农民

深入丛林去打猎；有的在准备宴席、观看斗鸡、欣赏杂技表演，或者蹲在地上逍遥地打发时间。

巴容庙的浅浮雕也刻有吉蔑人击败占族人的战争场面，使人了解到吉蔑帝国的军队曾在整个中南半岛南部扬威的一些往事。

吴哥势必不能久存，虽然有些农民留居该处，但他们赖以为生的灌溉系统渐渐失修，森林又蔓延进这个城市，只剩下攀缘植物丛生的废墟和对一段盛极而衰的文明的回忆。

素可泰——泰国文明的摇篮

　　素可泰在泰语中意为"幸福的黎明"，是泰国历史上第一个王国——素可泰王朝的都城。这里不仅诞生了泰国文字，还诞生了泰国第一部文学作品和第一部历史记录，素可泰被誉为"泰国文明的摇篮"。

　　1238 年，泰族首领联合起来击败吴哥王国驻守素可泰的军队，并以此地为中心建立了素可泰王国。从此，素可泰作为王朝的首都延续了 100 多年。到了 15 世纪上半叶，城市走向衰落。就在这短短的 100 多年中，素可泰的帝王们对泰国文化的发展作出了不可磨灭的贡献。

　　素可泰王朝从东、西两侧邻邦吸收文化，并与自己的民族文化结合。拍坤兰甘享是素可泰王朝的第三世帝王，他创造了泰国今天的文字，并用这种文字在石碑上记载了泰国第一部历史。素可泰第五世帝王里太十七，雕刻和建筑艺术得到了发展，素可泰王朝为佛家造型制定了规范，"素可泰佛陀"庄严中面带微笑。"云游佛陀"是跳过独创的佛教造像，石佛迈步向前，合掌抚胸，其袈裟看起来薄如蝉翼，呈现柔和飘逸之美。素可泰文学基本上为宗教文学，代表作为《三界经》，是里泰王根据30部佛经编纂而成的，设计古代泰国人的宗教观、哲学观和科学观，对泰国

文学和文化的发展有深远的影响。

素可泰古城规模宏大，现存三道围墙，长约 2.6 千米，宽约 2 千米，四面各有一座城门，古城内外集中了 193 处佛教古迹，包括一座皇宫、35 座寺庙及大量古塔、佛像和碑石等。

经过 800 多年的历史变迁，风吹雨蚀，人为破坏，这座曾经显赫于东南亚的古城如今已变为一片废墟瓦砾。20 世纪 30 年代，泰国政府把素可泰列为重点保护文化遗址，于 1953 年开始修复。1975 年，古都周围 70 平方千米被划为国家保护区。1976 年，联合国教科文组织参与了修复工作。

经过多年的努力，素可泰古城终于重放光彩，城内 60 多处古建筑得到修复，85 处遗迹得到了发掘和保护。城内宫殿仅剩 3 米高的台基，兰甘亨王的碑文即在此出土，城外西北角的诗春寺内有一大佛堂，正方形，边长约 50 米，高 30 米，内有泰国最大的佛像，高约 11.3 米，通道两侧墙壁上有素可泰王朝时期的碑刻 50 余块。这些宗教建筑的大量存在，一方面表现出统治阶级对佛教的依赖，另一方面也表明当时国家的安定繁荣，是当时政治和人民生活状况的写照。

耶路撒冷——信仰的天国

公元前 11 世纪，古以色列王大卫统一了犹太各部落，建立了以色列国，定都耶路撒冷，并在此兴建宫殿、神庙等建筑，改名为大卫城。

40 年后，大卫的儿子所罗门继承王位，费时 12 年在耶路撒冷的安锡山口建造了犹太教圣殿。圣殿坐西朝东，长 200 米，宽 100 米。教徒们都到这里朝觐和献祭敬神。圣殿外形雄伟壮观，内部装饰华丽，从此奠定了耶路撒冷作为神教中心的神圣地位。

耶路撒冷自从诞生起就一直受宗教与传统、圣地与名胜、历史与神学的熏陶，受到犹太人、基督徒及穆斯林的共同崇敬。耶路撒冷是一座山城，市区随山岗、丘陵的起伏而蜿蜒伸展。视野所及，不少房屋遍及山顶：有的呈梯形，分布在山坡上。教堂钟声远近相闻，令人感到古雅的神韵。

犹太人传说，罗马人焚毁圣殿后，有 6 位天使飞临，坐在残墙上痛哭，泪水渗入石缝，使墙变得坚固无比，永世不倒，这就是哭墙。

哭墙位于耶路撒冷圣殿山之西，是今日犹太教最神圣的露天会堂。公元 70 年，罗马提多将军烧毁圣殿，但遗留部分台基不拆毁，以向后世显示罗马的兵

力强大。公元 135 年，罗马平定第二次反抗罗马的革命，犹太人被迫远走他方，分散于万国之中。到了拜占庭时代，犹太人被容许每年一次在圣殿被毁周年日到西墙来，为国度复兴哭泣祷告，"哭墙"之名不胫而走，成为犹太教的圣地。

在这里，人们虔诚抚摸着哭墙或者亲吻着，祈祷着，大声哭诉着，在哭墙面前祈祷成了人们生活的一部分。一个民族将一种压抑千年的倾诉化作了对和平的永恒的呼唤！从东面的狮子门沿着耶稣遇难足迹——"苦路"走，那充满传说的 14 站"苦路"，给人太多的感悟。现在的"苦路"建于 200 年前，是传说中耶稣被宣判死刑后，背负十字架押往山坡上遇害的路线。每周五下午，沿途教堂的神父们都会走一遍苦路。上千人一站一站祈祷唱经，用拉丁、希腊、英语诵读《圣经》有关章节，场面宏大感人。

圣墓教堂又称"复活大堂"，是耶稣坟墓所在地，基督教最著名的圣地，也是耶路撒冷基督教大教堂之一。督教徒不分教派和所属教会，都将耶路撒冷奉为圣地。他们在基督教各主要节日期间涌入耶路撒冷，朝拜的首要目标就是圣墓教堂。

这座庞大的教堂是由君士坦丁大帝的母亲圣海伦娜开始兴建的，这一巍峨的建筑分为三部分，包括墓上的复活教堂、宏伟的长方形受难教堂和岩石上的十字架。

公元 614 年，大教堂遭火烧毁，后经修建、拆除、重建，可谓命运坎坷。但庆幸的是，时至今日我们依旧可以看到这座承载了许多历史的教堂。现在大教堂的一部分为东正教——耶路撒冷主教的主教座堂，另一部分为天主教方济各会所据有，科普特教会、叙利亚教会和亚美尼亚教会也各据堂中一部分。

世界上没有一座城市如耶路撒冷那样遭受这么多的灾难。它曾经在战争中毁灭数十次，即使已经成了废墟，即使没留下任何让人怀念的痕迹，但是人们却不曾忽视过它。一次次的重建，它终于成了这个世界上投注信仰最多的城市。基督教作家曾经这样感叹过："上帝给了世界十分美丽——九分给了耶路撒冷，剩下的一分给了世界上的其他地方；上帝给了十分哀愁——九分给了耶路撒冷，剩下的一分给了世界上其他的人。"

撒马尔罕——丝绸之路上的枢纽城市

　　撒马尔罕，以为富庶之地，是中亚地区最古来的人类聚落之地。在中国的古书上，它有过许多称呼：《魏书》称为悉万斤，《隋书·西域记》称为康国，《新唐书》称为康国、萨秣建，元耶律楚材《西游录》作寻思干，《元史》作薛迷思加，明陈诚《西域番国志》《明史》、明严从简《殊域周咨录》均叫做撒马尔罕……

　　1000多年前，一批驼队驮着中国的丝绸从长安出发，经过长途跋涉，穿越河西走廊，历经千山万壑、无垠大漠，到达"飒秣犍"（在中国的古籍中，撒马尔罕曾经有过这么一个带着无限诗意的译法）的时候，至少花去几个月的时间。而今天的人们从北京出发，乘坐飞机飞越千山万水，到达现在的乌兹别克斯坦的撒马尔罕仅仅需要花费6个小时。

　　越过时间和空间，人们所看到的撒马尔罕，是中亚最古老的城市之一。关于它的记载最早可以追溯到公元前5世纪，善于经商的粟特人从东到西，从西到东，在他们的口中，撒马尔罕是一座美轮美奂的都城。公元前3世纪，当马

其顿帝国的亚历山大大帝攻占该城时不禁赞叹："我所听说到的一切都是真实的，只是撒马尔罕比我想象中更为壮观。"

撒马尔罕在丝绸之路的中心点上，欧亚文化在此激流汇荡，荟萃出独具一格的城市风貌。作为重要的枢纽城市，撒马尔罕连接着波斯、印度和中国这三大古老的国家，它在丝路中得到无数的赞美与向往，也饱受了战火的蹂躏。

古老的丝路遗存大多毁于战火，现在城内的大多数古老建筑，都是由后来的帖木儿大帝敕令修建的。随着帖木儿帝国的兴起，他的大军横扫波斯、印度、高加索、南俄罗斯和蒙古，而撒马尔罕，正是他所中意的王城。帖木儿发誓要让撒马尔罕成为亚洲之都，因此他把从亚洲各地劫掠来的珍宝堆积在撒马尔罕，把每个城市最精巧的工匠带到撒马尔罕，在城里修建起最辉煌的宫殿和清真寺。

这颗中亚的明珠，帖木儿帝国的王城，那些鳞次栉比的古迹使人感觉好像来到了《一千零一夜》中描述的阿拉伯神话国度：金碧辉煌的宫殿陵寝、庄严肃穆的古清真寺和神学院，还有气势恢宏的古天文台和大学，令人目不暇接、惊叹不已。

站在撒马尔罕古城的街头，看着阳光下那一座座蔚蓝色的穹顶，实在令人感慨万千。漫无目的地行走在巷弄间，色彩对比强烈的屋舍，在正午的阳光下如此令人印象深刻。而集合了印度、波斯、突厥等古文明特色的各式各样的伊斯兰建筑带给人的是强烈的异域感。

古老的建筑不但高大壮观，而且构造精巧考究，四周镶嵌着玛瑙方砖，地面铺以名贵石材，内饰多为真金壁画，所有的门窗和栏杆上都有精雕细刻的图案、经文和阿拉伯文字，这些古迹交相辉映、浑然一体，好像在诉说着昔日撒马尔罕的兴盛和奢华。

曼谷——微笑之城

　　曼谷，这古老和现代并存的城市，是个处处充满赞叹与美丽的地方，即使你已经满怀疲惫，只要你来到这里就会情不自禁地振奋起来。如果你不喜欢大城市的喧嚣嘈杂，这儿也有步调较缓慢的传统民俗可供欣赏玩味。这佛寺、古建筑群与高楼大厦、豪华商场并存的城市，这源远流长的东方文化传统与光怪陆离、开拓进取的现代西方生活方式巧妙地糅合在一起的城市，这现实和梦想并存的城市，这不知疲倦不断进取的城市，引起无数人的向往。

　　曼谷是一个充满诱惑的大城市，在泰语里是"天使之都"的意思，它是泰国的首都，是充满微笑的国度。就像巴黎属于法国，伦敦属于英国一样，它属于泰国。

　　曼谷古老的寺院，历经几百年的人世沧桑，依然香火不断，悠悠地刻画着历史的年轮。曼谷有佛寺400多座，被称为"佛庙之都"。在曼谷，到处都可以看到寺庙和僧院，香火鼎盛，青烟缭绕。这里的佛寺建筑精致美观，焕发着使人敬畏、叫人炫目的浓厚的东方色彩。曼谷不仅拥有因其悠久的历史文化遗留下来的众多名胜古迹，而且还拥有现代化的高楼大厦、商业中心、酒店旅馆、娱乐场所、机场码头。每当暮色降临，夜色中的曼谷便披上了一层神秘、多

彩而又美丽的面纱。正因为曼谷的这种现代与历史的紧密结合，使它成为东南亚最有美丽的城市之一。

黄昏的夕阳染红了皇宫的金黄尖顶，美丽景致尽在举目之间，这种耐人寻味的感觉，只有你亲身体验才可以感受得到。

曼谷，它不知疲倦地向前、向前、向前，而又不时地散发着无与伦比的魅力，吸引着芸芸众生。

仰光——风铃里的佛光

　　仰光是一座充满着浓郁东方色彩的城市。在缅甸，佛教为国教，大部分人都是佛教徒，人们普遍相信造佛塔比什么功德都要大，所以世世代代的缅甸人造了无数的大小佛塔。缅甸佛塔之多，是世界上其他国家不能相比的。

　　仰光大金塔矗立于仰光市区北部茵雅湖畔的丁固达拉岗上，是驰名世界的佛塔。它与印度尼西亚的"波罗浮屠"塔、柬埔寨的"吴哥寺"齐名，是东南亚三大佛教名胜之一。

　　气势宏伟、建筑精湛的仰光大金塔，不仅是世界建筑艺术的杰作，也是世界上历史悠久、价值最昂贵的佛塔。每逢节日，很多人都到这里拜佛，人们进入佛塔时必须赤脚而行，就连国家元首也不例外，否则就被视为对佛的最大不敬。因为大金塔建在仰光市北茵雅湖畔的圣山上，所以，不管人们站在市内的哪一个位置，都能看见金光灿灿的塔顶。如果站在塔顶上，仰光市全貌可一览无余。

　　素丽佛塔是位于仰光市中心的班都拉广场上的著名佛塔。"素丽"一词来自孟族语，意为"祀奉一根圣发和遗物"。据说，此塔建于佛历纪元 225 年（公元 318 年），内藏释迦牟尼的一根圣发和其他遗物。塔高 48 米，因塔身洁白淡雅，又称之为"白塔"。

世界和平塔位于仰光东郊 11 千米的斯里孟加罗山岗上。

"斯里"是巴利文"至尊"之意,"孟加罗"的意思是"吉祥",因此,和平塔总称又为"至尊吉祥大千世界安宁宝塔"。此塔是缅甸著名佛塔之一。

缅甸是珠宝之国。这里的红宝石是全世界最著名的珍宝,一颗光芒耀眼的血红色的红宝石,它的价值超过金刚钻。英国女王加冕时的皇冠上镶着的那颗鸡蛋大小的"黑王子宝石"也是出自缅甸,是世界上罕有的珍宝,它的价值在 200 万美元以上。自 1964 年开始,仰光举行一年一度的珍宝交易会,向各国珠宝商展销各种珠宝:鸽红色的红宝石、蓝宝石和浅蓝色、灰色、紫色、水红色的宝石以及翡翠玉石。1980 年的交易会展出一颗特大的玫瑰红宝石,重达 575克拉,质地纯洁,光艳照人。

仰光的景致是具有多样性的一种美丽,它使人们的每次旅行都能成为难忘之旅。这就是仰光会成为世人向往的旅游胜地,几乎所有曾经到此一游的人们都会多次重游这里的原因。

康提——圣城

康提四周群山环抱，两岸峭壁悬崖，绿树葱葱，气候温暖多阳光。著名的佛牙寺就坐落在康提湖畔，寺内供奉着一颗佛牙，因而康提也成为佛教中心，每年一度的佛牙大游行就在这里举行。

康提城有着抗击殖民主义侵略的光荣传统，所以斯里兰卡人民把康提称为"马哈隆瓦尔"，意思是"伟大的城市"。康提城又名马哈努沃勒，由康提王国的君主维克拉玛巴胡建于 14 世纪，1480 年始为国都。

历史上的康提曾被辛加人的祖先统治长达 2000 多年。从公元前 3 世纪开始，斯里兰卡逐渐演变成单一信仰的国家，印度佛教的盛行带给斯里兰卡的不仅仅是宗教上的变革。公元 4 世纪，圣物释迦牟尼的佛牙被迎到斯里兰卡，从那时起，王宫和佛牙寺与作为斯里兰卡首都所具有的行政管理和宗教功能紧紧地联系在了一起。1592 年，斯里兰卡定都康提，康提从此成为王宫和佛牙寺的所在地。16—17 世纪，康提曾一度被葡萄牙及荷兰殖民者占领，1815 年又被英国人征服，但是康提与科伦坡、阿努拉达普拉并称为斯里兰卡文化三角的地位并未受到动摇，大量珍贵的佛教遗迹使得它仍为斯里兰卡宗教中心，并且是一些原始佛教教徒的朝圣地。

整个城市坐落在海拔 500 米、生长着稀有植物种群的群山上，地处热带植物生长地带，气候湿暖，景色秀美，再加上大量古迹遗址，一直是旅游者的"圣地"。

城市中部有最后一个康提王维克勒马·拉贾辛哈于1806年开凿人工湖——康提湖。四边形的人工湖湖畔散落着属于这座城市的大部分宗教遗址，包括王宫和被称为达拉达·马里加马的佛牙寺。重建于 18 世纪的达拉达·马里加马佛牙寺作为斯里兰卡的宗教中心，一直是佛教信奉者的朝觐圣地。而这座建筑也因其特有的宗教意义极尽装饰之事，石雕、木雕、象牙雕、金属饰及赤陶等比比皆是，墙壁、柱子和天花板上均饰以精美的彩绘，华美异常。

王宫的宫殿建筑群以中廷为轴心，采用院落式布局，现大部分已毁。保存较好的是觐见厅，尖塔由椴木制成，大量丰富精美的壁画从侧面展现了昔日王室的辉煌。这座全木结构的建筑花费了将近 20 年的时间才建成，大殿由 64 根大木柱支撑，所有柱、梁都施以雕刻，屋顶由平瓦覆盖，屋脊两端还有陶制的小尖塔，极富情趣。当英国人于 1815 年到来后，辛哈拉国王统治时期的最后一个首都、前后延续了 2000 多年的僧伽罗王朝至此画上了句号。

首尔——太极旗之都

　　首尔位于朝鲜半岛中部，地处盆地，汉江迂回穿城而过，据半岛西海岸约30千米，距半岛东海岸约185千米，北距朝鲜平壤约260千米。韩国国土狭长，东西最短处只有216千米，山地多，平原少，资源并不充足。但是，在第二次世界大战以后，韩国经济却得到迅猛发展，成为东亚"四小龙"之一，令人瞩目，更引发了人们对这个飘扬着太极旗国家的浓厚兴趣。首尔旧称"汉城"，因为与汉江相邻而得此名。2005年1月汉城市市长在市政府举行记者招待会，宣布把汉城的中文译为"首尔"，意为"首位的城市""汉城"一称不再使用。

　　首尔是一座有着深厚历史底蕴的城市，市内保留着许多名胜古迹，主要有景福宫、昌德宫、昌庆宫、德寿宫和秘苑等，这一座座宫殿吸引了无数到首尔旅游的人。这些古色古香、金碧辉煌的宫殿也足以证明这座城市的悠久历史。

　　景福宫建于1394年，是首尔规模最大、最古老的朝鲜王朝正宫之一，亭台楼阁极显富贵繁荣的气派。有600多年历史的景福宫是李氏王朝时期效仿中国皇宫"紫禁城"而建的，是首尔的五大宫之一，也是韩国封建社会后期的政治

中心。宫内原本有 200 多栋宫殿楼阁，场面十分壮观。但是在 1592 年的壬辰倭乱中遭到严重的破坏，目前得以幸存的只剩下十多栋建筑。在这其中，最为雄伟壮丽的宫殿是勤政殿，它也是韩国古代最大的木制建筑物，在此曾举行过朝鲜时代国君的登基大典及文武大臣朝见典礼。勤政殿西北边有规模较大的庆会楼。庆会楼坐落于美丽的池塘中间，是为国内外大臣、使节设宴的地方。另外还有创造出韩国文字的"千秋殿"和高丽时代的十层大理石宝塔。

景福宫拥有庄严华丽的大门、雕梁画栋的内宫、琳琅满目的陈设。此宫共有四门，南门叫光化门，韩国动乱时期曾遭破坏。重修后的光化门门匾，据称是韩国唯一用韩文写成的古宫门匾，而且出自韩国前总统的手笔。景福宫的春天最为美丽，宫内绽放着迎春花、杜鹃花，花香四溢，象征祥瑞的喜鹊飞落于宫园内，那份宁谧之美，实在是令人心旷神怡。

昌德宫是朝鲜王朝所建的五大宫廷中至今保存最为完整的一座古老宫殿。我们所熟悉的韩剧《大长今》也正是因为昌德宫的保存完整而选择在这里拍摄，而昌德宫也因为这部电视剧而受到了世界上更多人的关注。它原来是朝鲜第三代国王太宗建造的离宫，壬辰倭乱时毁于兵火。1611 年重建，300 年间，昌德宫一直被当做正宫使用。其正殿是仁政殿，这里曾经是举行王位登基仪式、接见外国使节等国家重要活动的地方。目前殿内陈列着王室的衣冠、玉玺以及日常生活用品等。仁政殿与其他正殿的不同之处在于其屋脊的花纹形状十分独特。这是当时日本为了把朝鲜王室的等级降低一级而绘上的花纹，因此在其他正殿的屋脊上是无法看到的。另外，其正门"敦化门"是一座傲然耸立的木造建筑，气骨非凡，几百年来一直保持着王朝时代高贵典雅的格调。

昌庆宫是朝鲜王朝第四代国王世宗大王为奉养其父太宗所建的别宫，当时定名为"寿康宫"，后来经过大规模的修理和更新后才成为现在的昌庆宫，另外这里也是首尔樱花开得最美的地方。昌庆宫占地约 20 余万平方米，宫内有建筑 29 栋，以明正殿为主，另外还有明正殿长廊、风旗台、观天台等一大批国家级保护文物。每年 10 月份在这里都会举行御驾巡游、科举考试等诸多活动。

昌庆宫的正殿是明正殿。不同于其他朝鲜时代的正殿，明正殿是朝北而不是朝南的。每个宫殿在正殿正门和宫殿大门之间都会设置一条小溪，称为"禁川"，用来区分宫廷内外和体现"背山临水"的含义。踏过禁川上的玉川桥，就可进入宫殿。通明殿是昌庆宫中最大的内殿，创建之初是大妃的住处，在这个掌握着宫内贵妇大权的地方，是内宫权力斗争的中心，曾发生过很多历史事件和传说故事。

这是一座将历史感和现代感很好融合的城市，它不仅有我们刚才提到的宫殿，还有最为尖端、最为现代化的文化设施。1988 年夏季奥运会使得首尔的繁荣、热闹可跟纽约、东京、巴黎相媲美。它的经济、城市建筑等开始蓬勃发展，街道、建筑等都体现了浓厚的现代气息和青春活力。首尔近郊的首尔游乐场、爱宝乐园、加勒比海湾、韩国民俗村、水原华城、南汉山城等景都为这座城市增添了无穷的魅力，使得它看上去更加丰富多彩。

漫步在首尔的街头，匆匆而过的人群，川流不息的车流，鳞次栉比的高楼大厦，古老的宫殿，美丽的蔚蓝色汉江，巍巍的南山，繁华的商业街……每一处都彰显着东方世界大都会的无穷魅力。这座城市拥有 1200 万人，拥有众多卫星城，拥有数不清的大型购物中心，在这里你可以看到古老和现代最为完美的结合。

伊斯坦布尔——王者气度

　　伊斯坦布尔位于土耳其西北角、欧亚两洲的交界处，是土耳其最大的城市、最大的港口、工商业中心和主要的旅游胜地，也是世界上唯一一座横跨欧亚大陆的城市。同时，伊斯坦布尔还是一座历史文化名城，具有3000多年的历史和深厚的文化底蕴，不管是罗马式斗兽场还是妻妾成群的后宫，都令人怦然心动。

　　伊斯坦布尔建于公元前658年，希腊的迈加拉族人（Megarian）在这里建造了城市，并用他们族长的名字命名为拜占庭。它地理位置特殊，连接欧亚两洲，又是黑海通往地中海的咽喉。从这里出发，向北从海上可直达黑海沿岸各国，向南接着地中海，从海上可通向欧、亚、非三个大陆，这种优越的地理位置使得它自古以来就成为兵家必争之地。在公元196年被罗马帝国占领，命名为奥古斯都安东尼。

　　公元324年，罗马帝国大帝君士坦丁一世鉴于屡受西方民族的骚扰，迁都拜占庭，公元330年改名为君士坦丁堡。公元395年，罗马帝国一分为二，西罗马帝国于公元476年崩溃，君士坦丁堡成为东罗马（即拜占庭帝国）的首都。在东罗马帝国的统治下，君士坦丁堡的海上贸易非常发达，人口也越来越多，进入了空前繁荣的时期。也是在这个时期，君士坦丁大帝建造了著名的圣索菲亚大教堂。

进入 11 世纪以后，东罗马帝国陷入了激烈的内战，逐渐衰落。1204 年，十字军第四次东征占领了这座城市，使得城市遭受了很大的破坏。1354 年，奥斯曼土耳其人的疆土不断向外扩张。1453 年，奥斯曼土耳其人攻入君士坦丁堡，拜占庭帝国灭亡。奥斯曼帝国的穆罕默德二世把君士坦丁堡改名为伊斯坦布尔，从那时起它就一直是土耳其帝国的首都。直到 1923 年，土耳其共和国迁都安卡拉，结束了伊斯坦布尔将近 1600 年的首都历史，但伊斯坦布尔仍然是土耳其经济、文化的重心所在。

20 世纪 70 年代，伊斯坦布尔的人口开始急速上升，从安纳托利亚地区来的人都涌入伊斯坦布尔寻找工作机会，很多新的工厂在市郊建成。人口的激增导致住宅群的急速增长，很多偏僻的村落被并入城市版图。如今，作为全国最大的城市，伊斯坦布尔是现代土耳其的金融、文化和经济中心。

近 2000 年来，它同欧亚大陆政治、宗教、艺术史上的许多重大事件联系在了一起。市内保存着一批古代建筑杰作，其中许多建筑对欧亚两洲产生过重大影响，是人类历史上极为宝贵的文化遗产。

伊斯坦布尔市郊的公路非常现代化，但是旧市区内街道很窄，随地势不断起伏。多数的街道是以碎石铺成的，弯弯曲曲地穿过古老的建筑，让人好像进入了时光隧道，目睹到遥远的往事。历史上，它是一个商业中心，从亚洲丝绸之路和从中东、欧洲来的商品在这里形成一个集散地。

圣索菲亚大教堂是世界上绝无仅有的历经沧桑而昂然屹立的建筑，它是罗马帝国由盛到衰的见证。圣索菲亚教堂恢宏无比，充分体现了卓越的建筑艺术，从而也成为了后来伊斯兰清真寺的设计模板。事实上，自拜占庭帝国衰落后，圣索菲亚大教堂已转变成了供奉安拉的土耳其清真寺。如今，圣索菲亚大教堂是基督徒和穆罕默德信徒共有的一个宗教博物馆。

圣索菲亚大教堂是集中式的，特别之处在于，平面采用了希腊式十字架的造型。它东西长 77 米，南北长 71.7 米，主要部分是一个硕大无比的半圆穹顶，

顶高 15 米。步入大教堂，它的雄伟和庄严一览无余地展示在来者面前，震人心魄。教堂内部运用以拱门、扶壁、小圆顶等设计来支撑和分担穹隆重量的方式，创造出了如此绝伦的建筑。从结构的明晰与层次的井然有序来看，这是一件相当需要技术水平的设计，也足以说明当时设计师的良苦用心。

为了宗教仪式增大纵深的需要，圣索菲亚大教堂的穹顶下空间与南北两侧是明确隔开的，却与东西两侧统一。另外，南北两侧的空间因为透过柱廊与中央部分相通，所以在视觉上呈现出多层次的感官体验。

圣索菲亚大教堂由于地震和叛乱的摧毁经历过数次重修。公元 532 年，查士丁尼大帝投入 1 万名工人、32 万两黄金、并花费长达 6 年的光阴将圣索菲亚大教堂装饰得更为精巧华美。在 17 世纪圣彼得堡大教堂完成之前，它一直是世界上最大的教堂。

无论你在哪里都能看到圣索菲亚大教堂金光灿烂的尖顶。高大的土红墙上有许多像蘑菇一样的屋顶，它们在四周烘托着巨大的中央圆顶。而大教堂的窗户上镶嵌着斑驳灿烂的彩色玻璃，彩色大理石在地面上铺成各种艳丽的图案。所有这些都显示了罗马帝国的强大实力。

入夜，桥上华灯齐明，两岸灯火辉煌，好像火龙飞舞，充满了神奇色彩，引发着人们对这座历史古城的悠悠岁月的追忆。

大城——金汤城池

大城是泰国故都，面积 2480 平方千米，其泰语名为"阿育池耶"，有"止战"或"和平"之意。

1350 年，大城王朝乌通王建都于此。这座城市建在三条河流交汇处的一个岛上，城市周围的低地每年都发洪水，因而形成了大量的淤积土。这种自然条件有着重要的战略意义，它使大城易守难攻。而且，由于临近朝披耶河河湾，使得航海商船很易到达。这样，大城就成为了一个控制其北方各地外贸的中心，很快繁荣昌盛起来。

大城王朝的统治方式是集权统治。国王被认为是神的化身，家族统治系统成为封建社交中心，它控制着所有的文化活动及社会活动。国王成了佛教及其他各种艺术的庇护者，同时也成为所有艺术的皇室赞助人。大城佛教的昌盛自不待言，现存众多的庙宇遗址可兹证明。著名的三宝公佛寺，又名巴南清庙，建于1342 年，位于大城东南端，濒河而立，寺前有白色圆尖佛塔，高约 15 米，规模颇大。佛殿里有一座庄严的坐禅佛像，外镀金色，泰人称为"銮抱多"，意思是非常大的佛像。每年 10 月中旬，当朝者都要在此举行礼佛盛会。在市郊有

81

蒙坤巫碧大佛塔，建于1357年，塔身嵌有释迦牟尼涅槃像，塔内有一尊大青铜像。该塔因破坏严重，联合国科教文组织曾拨巨款加以修复。这里有雅察亚蒙库寺佛像；有罗卡亚苏塔寺，因一座29米长的卧佛而出名；还有露天大佛、三峰塔以及诗素里育他纪念塔。

大城的主要经济来源是丰富的农产品以及外贸关税。商旅们来自于中国、爪哇、马来西亚、印度、斯里兰卡、伊朗、日本、葡萄牙、法国、荷兰以及英国。在其鼎盛时期，大城变成了那一地区最为重要的贸易中心之一。大城的繁荣可以从当时的艺术中看出来，艺术的很多方面都达到了完美无缺的地步，在素可泰的历史文化中是无与伦比的。到了17世纪中期，一个新的"圣骨塔"建成了。计划中该塔是正方形的，有着多锯齿状的棱角。这幢古代建筑的建造过程一直贯穿了整个大城时代，并且在进入曼谷时期时，它的建造还在继续。

大城在逐渐成为贸易中心的同时，在东西方文化交流与宗教活动方面也起过重要作用。天主教的许多耶稣会传教士在此协助国王从事工艺建筑等工程。波兰人博埃姆作为中国明代朝廷与罗马教皇之间的联络使者，往返途中皆在此停留，并撰写完他的《中国医药》及《中国处方鉴》等名著，将中国医学传播到西方世界。

1767年，大城被缅甸军队攻陷，宫廷建筑、庙宇及数千幢房屋被焚，大量艺术珍品、图书典籍、王室档案皆化为灰烬，从此结束了大城王朝的历史。现在城市内外及郊区废墟面积广达104平方千米，可以想象当初大城规模之宏伟，也表明战火破坏之严重。仅就面积18平方千米的现在城市范围来看，庙宇殿堂等废墟遗址就有将近50处之多，城内的废墟遗址可以硕士到了比比皆是的程度。主要废墟遗址故宫纵横约600米，有宫墙围绕，墙内自北而南有六座大殿，其中一座铺着金瓦，史书称作"金殿"。尽管往事如烟，大城遗迹——圣骨塔和大清真寺仍依稀显露出昔日的辉煌。

巴格达——一座哭泣的城市

巴格达是伊拉克的首都，位于伊拉克中部，横跨底格里斯河两岸，是伊拉克政治、经济、宗教和文化中心。巴格达一词来源于古波斯语，意为"神赐的地方"。同时巴格达还是一座驰名世界的历史名城，它在历史上的声望可与中国的西安相媲美。

伊拉克所在的两河流域是世界古代文明四大发源地之一。公元前 300 年左右就出现了苏美尔建立的城邦。公元 762 年，阿拔斯王朝第二代哈里发曼苏尔（公元754～775 年在位）把首都定在巴格达，并下令在底格里斯河西岸始建新城，工程历时 4 年，命名新城为"和平之城"。该城的中央是曼苏尔的"金宫"，金宫四周是皇家及显赫人物的亭台楼阁。因城市建在圆形城墙内，故又称为"圆城"。

公元 8 世纪中期至公元 9 世纪，哈里发哈伦·拉希德和马蒙执政时，在巴格达城广建清真寺、宗教学校、图书馆、天文台、客栈、驿馆、市场、澡堂及市政交通设施，使该城进入全盛时期，成为哈里发帝国的政治、经济、贸易、文化和宗教中心。当时的巴格达经济繁荣，交通四通八达，商贾辐辏云集，市场店铺林立，并设有专卖中国丝绸、瓷器等商品的市场，而且学者荟萃，文化

昌盛。随着巴格达的不断扩建与发展，其市区逐渐形成横跨底格里斯河东西两岸的格局，东西两岸由先后建起的 5 座大桥相连。在此期间，不仅具有阿拉伯民族风格的建筑拔地而起，而且世界各国的金银器皿、文物古董应有尽有，被人们誉为博物之城。

公元 9 世纪至 11 世纪，巴格达伊斯兰学方兴未艾，各种学派的学术活动十分活跃，学者们在宫廷的赞助和庇护下，著书立说，在古兰经学、圣训学、教法学、凯拉姆学及文学艺术均取得了重大成就。据载，巴格达曾建有30多所各类宗教学校，其中以 11 世纪塞尔柱朝首相尼扎姆·穆勒克建立的尼采米亚大学和 13 世纪哈里发建立的穆斯坦西里耶大学最为著名，曾培养出大批著名学者和官吏。巴格达同开罗、科尔多瓦并称为伊斯兰世界三大文化名城。

1258 年到 1401 年，蒙古骑兵横扫欧亚大陆，先后几次将巴格达夷为平地，大量建筑、古迹和文物遭到摧毁。16 世纪，奥斯曼帝国军队攻占巴格达。1921年，伊拉克宣布独立，定都巴格达。1958 年 7 月 14 日以卡赛姆为首的"自由军官组织"推翻费萨尔王朝，成立伊拉克共和国。

2003 年 3 月 20 日，美英以伊拉克拥有大规模杀伤性武器为由开始攻占伊拉克。战后的巴格达并未迎来和平，而是千疮百孔，恐怖分子的自杀式炸弹不时袭击城区，老百姓终日人心惶惶，巴格达变成了一座哭泣的城市。

巴比伦——尘封的荣耀

从巴格达出发，过底格里斯河，即进入两河流域最富庶的地区。这里是阿拉伯人所谓的"肥沃的新月"的腹地，著名的巴比伦城就在希拉市北不远的幼发拉底河畔。

如果说巴比伦不仅土地肥美，其古代文明更是具有难以比拟的繁华，大概不会有人反对。生活在这片土地上的苏美尔人，最先用文字记录思想，最先把一天分为 24 小时，发明了最早的文字体系——楔形文字。在新巴比伦王国时期，巴比伦是古代两河流域最壮丽、最繁华的都城。巴比伦古城有内外两道城墙，城里最壮观的建筑物就是尼布甲尼撒王宫和被人们称为"世界七大奇迹"之一的"空中花园"，以及那座据说让上帝感到又惊又怒的巴别通天塔。

人们无数次听说过古巴比伦的"空中花园"，想象它悬在空中的样子一定很美、很神奇。相传，它是尼布甲尼撒二世送给他的米底亚妃子安美依丝公主的礼物，使得原本得了思乡病的王妃病容一扫而光。生性残暴的尼布甲尼撒二世在这故事里展现了温柔的一面，给后人留下了一个动人的爱情故事。更传说尼布甲尼撒的妃子、空中花园的主人安美依丝最终化为鸽子，飞天而

去。这给空中花园又增加了些许神秘、阴柔的气息。

很难说现在的人们追寻空中花园，是为了缅怀那神奇的爱的力量——这力量不仅可以让一个暴戾的君王成为温柔的夫君，甚至还可以在半空中悬起一个神话般的花园，还是为了感伤那化为鸽子的美丽主人安美依迪丝。

让我们想象一下这个梯形花园，上面栽满奇花异草，下面流水潺潺，园中还有许多幽静的山间小道，甚至花园中央还有一座城楼矗立在空中。公元前3世纪的菲罗曾记述道："园中种满树木，无异山中之国，其中某些部分层层叠长，有如剧院一般，栽种密集、枝叶扶疏，几乎树树相触，给人以舒适的遮阴之所。泉水由高高的喷泉涌出，先渗入地面，然后再扭曲旋转喷发，通过水管冲刷旋流，充沛的水汽滋润树根，土壤永远保持湿润。"整个花园飞瀑流泉、花木葱茏、小径曲折、建筑辉煌，好像是梦里突然出现的空中天堂。当年到巴比伦城朝拜、经商或旅游的人们老远就可以看到空中城楼上的金色屋顶在阳光下熠熠生辉，它成了巴比伦城的标志。

如今它随着战争和黄沙正一点一点香消玉殒。千年的古城在夜幕中瑟瑟而立，路上空无一人，高楼的灯光也黯淡无色，懒散而有些麻木地轻晃着。新的一天来临之前，空气竟如此的凝固，似乎晨曦也无法将它融化。

巴比伦只会有一个，永远。

魅力名城古镇——欧洲篇

鹿特丹——世界第一港

　　鹿特丹是荷兰第二大城市，世界上最大的港口之一，位于欧洲莱茵河与马斯河汇合处。城市的名字来自于在市中心注入马斯河的小河鹿特河和荷兰词Dam（坝）。鹿特丹是连接欧、美、亚、非、大洋五大洲的重要港口，素有"欧洲门户"之称。现代化的桥梁、摩登的建筑，以及往来于水面上的巨型船只，是鹿特丹给人的第一印象。

　　鹿特丹原本是鹿特河附近的渔村，该河古时从南荷兰的沼泽地区流入马斯河，1150 年前后，为了抵御洪水，当地居民开始修建堤坝。1260 年左右，人们在鹿特河上建成了一座大坝，是为 Dam on the Rotte 或 Rotterdam，鹿特丹由此而得名。1340 年荷兰伯爵威廉四世治理鹿特丹时，当时居民约有 2000 人，不久伯爵挖掘了运河与登海尔德和莱顿相通，使鹿特丹繁荣起来。

　　到了 16 世纪，鹿特丹城市建设逐步发展，在泥沼地上挖掘出了许多港口，为对外交通和贸易奠定了基础。18 世纪，鹿特丹的对外贸易更为蓬勃兴旺，集中对法国和英国开展贸易，当时也有船只远航到印度尼西亚和美洲。19 世纪，鹿特丹在转口贸易方面的地位日益重要。由于德国在 1871 年统一，在莱茵地区，特别是在鲁尔地区实行工业化，使鹿特丹也相应地得到发展。随着资本主义经济的迅速发展及苏伊士运河的通航，特别是 1877 年铁路接通南部市区和 1895 年建成通往北海的运河新河道，使其运输条件大为改善。城市的扩展，港口运输网络的建立，四通八达、纵横交错的河流和运河连为一体，至 20 世纪初鹿特丹一跃成为荷兰第一大港，世界上设备最好的港口之一。

第二次世界大战期间，鹿特丹遭受了巨大损失。1940 年 5 月 14 日，德国空军对这座城市狂轰滥炸，整个市中心和东部广大地区完全被破坏，包括建于 15 世纪的圣劳伦斯大教堂在内的许多公共建筑物被炸成一片瓦砾。只有市政府、邮政总局、股票交易所、波伊曼斯博物馆等建筑幸免于难。鹿特丹的瓦尔港机场（欧洲第一民用机场）也遭到破坏。1944 年秋季，德军撤退时还大肆破坏城市设施。现在市中心的南端，矗立着一座名为"劫后余生的城市"的人体塑像。这个塑像腹部空裂，双臂高举，仰面朝天，两腿艰难但却坚强地站立着。它生动地描述了鹿特丹在二战中的遭遇及鹿特丹人不屈不挠的奋斗精神。

战后，市政当局开始执行重建计划，并征用整个被破坏的地区。港口设施的重建于 1949 年完成，并逐步恢复了海上交通运输。20 世纪 60 ~ 70 年代建成了博特莱克港和石油化工区，开挖深 23 米、宽 400 ~ 600 米、长 12 千米的贝尔河，并修建欧罗波特港。港口和工业区面积自二战后至 20 世纪 70 年代中期由 26.3 平方千米扩大到 100 平方千米，使鹿特丹自 1965 年起跃为世界第一大港。

布达佩斯——巴洛克式的名城

布达佩斯是匈牙利首都，坐落在多瑙河中游两岸，西岸是布达，东岸是佩斯。

早先遥遥相对的两座城市，后经几个世纪的扩建，逐渐接近，于1875年何为一座城市，称为布达佩斯。从公元浅的军事重镇开始，布达派斯由小到大走过了一条漫长的道路。而今，布达佩斯已发展成中欧首屈一指的现代

化大都市。布达佩斯的气质是静谧的，以至于它被认为是世界上最安静的首都。但布达佩斯又是充满活力的，在它的安静气质下，潜藏着足够的魅力来引发你的热情，因为这里是诗人裴多菲的故乡，滔滔的多瑙河携带着维也纳动听的音乐流到这里，又多了几

分醉人的诗意。

尽管这是一座城市，但是布达与佩斯却体现出了两种截然不同的风格与情调，起伏与平坦、历史与现代，两个部分缺一不可地结合在一起，在视觉的冲突中遮掩不住的是布达佩斯的完整与和谐。

布达丘陵起伏，是一座地势险要的山城，有着悠久的历史。同时，布达也是有钱人的聚居区，幢幢别墅坐落在山坡的绿树丛林中，众多古趣盎然的街道洋溢着浪漫的气息。佩斯地势平坦，是热闹繁华的行政、商业和文化中心。

对布达佩斯这座城市，有的人一见钟情，也有人要经过一段时间的了解才会喜欢上它，但很多人都不约而同地认为布达佩斯是世界上最美丽的城市之一。在这个拥有超过 200 万人口的繁华首都城市里，可以找到山洞、温泉和特别保护区。在布达佩斯的历史名胜中，不但可见到罗马时代的圆形剧场、土耳其澡堂，也可以看到独特的匈牙利风格建筑。在多瑙河岸畔的建筑物里可以找到匈牙利首都各个历史阶段的痕迹。

布达和佩斯自 1873 年合并已有 140 多年，但仍保留着各自的风貌：热闹繁华的佩斯是行政、商业和文化的中心，国会大厦及政府机构大都集中在这里，著名诗人裴多菲和大音乐家李斯特的博物馆也落户于此；河对岸丘陵之上的布达则古迹众多，古迹渔人堡、马加什大教堂和皇宫，就坐落在这一边的城堡山上。登上雄踞在河畔的盖莱特山，布达佩斯的景色一览无余。匈牙利的布达佩斯有着迷人的城市建筑和古典的街区，还有享誉世界的轻歌剧、芭蕾舞、话剧、马术表演和民间艺术节。

布达佩斯的文化艺术活动遍布城市的每一个角落，每年夏季的几个月里，在动物园、玛尔吉特岛、歌德勒茜茜公主的行宫等著名景点都会举办高水平的露天系列音乐会、露天轻歌剧等。著名的链子桥将变成步行桥，不仅演出各种音乐节目，而且还有风情集市展示。

布达佩斯有将近 200 家博物馆和画廊、40 个剧院和歌剧院、7 个音乐厅，每天不停上演新节目，八月有"歌剧和芭蕾节""犹太人夏之节"，九月有"布达佩斯国际葡萄酒和香槟酒节"，十月有"秋之节"，等等。

为什么说布达佩斯像巴黎？是布达佩斯沾了巴黎的光吗？不是这样的。那只是一种错觉，沿着多瑙河蜿蜒而下的旧皇宫、渔人堡、教堂等诸多 19 世纪的建筑，让人有置身于巴黎塞纳河畔的错觉。其实布达佩斯与巴黎相比不相上下，丝毫不逊色，甚至超越了巴黎。"青山依旧，夕阳几度"的千年沧桑，没有使它逊色，它依旧向世人展示着它的独特魅力。

威尼斯——亚得里亚海的明珠

　　每一个曾经在历史上赫赫有名的城市，多半会有一条孕育城市生命的河流；每个到现在还迷人的城市，也必然缺不了水色丽景。一年四季里，时而清风扬波，时而烟雨薄雾，而且，总能听得到水声悠悠。即使早已过了海上霸权的年代，威尼斯所展现出来的气势仍旧独树一帜，颓废与华丽的美感并存。而这片岛屿，就仿佛与世隔绝一般，独自过着属于威尼斯的慵懒岁月。

　　沿着威尼斯宽宽窄窄的运河，还可见到修于几个世纪以前的古老房屋，这些房屋依然保持着当时的容貌和风采，鲜艳的花朵从阳台伸展出来，带来了生机和无限的遐思。乘坐着"贡多拉"，纵情于威尼斯的怀抱，听船夫高唱意大

利的民歌，仿佛忘记了时间的存在，完全融化在这独特的魅力之中。

"威尼斯"本是"最宁静的处所"的意思。恬静的威尼斯给人心旷神怡的感觉。运河对岸是著名的圣玛利亚·莎留特教堂，有300多年的历史；还有圣马可广场，那里是威尼斯最值得骄傲的地方。隔岸望去，可以非常清楚地看到由教堂美丽轮廓所构成的威尼斯海湾最迷人的景致。

威尼斯的风情总离不开水。它有蜿蜒的水巷，流动的清波，它好像一个漂浮在碧波上的浪漫的梦，诗情画意久久挥之不去。依水而建的房屋、教堂清晰地倒映在水面上，船往前行，微波荡起，冲散了一幅幅如画的倒影。诗人拜伦在1817年初来到威尼斯时，惊叹于这座水都的脱俗之美，忍不住送给它"亚得里亚海之后"的封号。因为由海面上眺望威尼斯，它就像矗立在亚得里亚海上的海市蜃楼，令人目眩神迷。

水是威尼斯的灵魂。如果说中国江南的水是朴素的、温馨的、亲和的，那么，威尼斯的水就是豪华的、壮丽的、艺术的。每日，海浪拍击日渐下沉的岸礁，海风送来海鸟或欢畅或忧伤的咏叹，而沿岸人家石墙上的斑驳印痕，也在日复一日的沉默中渐渐成为经典。

威尼斯的妙处不仅仅在于它有那么多的水，那么多的桥，更在于此中油然而生的一种柔情似水而又风情万种的生活状态。威尼斯桥的造型千姿百态，风格各异：有的如游龙，有的似飞虹，有的像拱门；有的庄重，有的奇伟，有的小巧，有的古雅。因此，威尼斯又是一座桥梁的博物馆。其中里阿尔托桥在威尼斯400多座桥梁中独具一格，名气最响，它位于市中心大运河上。清晨，空中还有薄雾，街角是悄悄地路人饮泉，肃穆的教堂传来钟声，住家的窗前是招摇的盆花，世界变得很安静。这里没有喧嚣的车马，没有大大小小的工厂，因此空气清新，耳根清净，让人觉得仿佛活在古老的15世纪。

在威尼斯观光，你既可以步行，也可以乘船。船是威尼斯的一大特色，也是唯一的交通工具。乘船顺着大运河缓缓行进，就能看到一座座宫殿耸立在水道两旁，大部分是哥特式的建筑。

喜欢威尼斯，因为它非常浪漫；不敢太喜欢威尼斯，因为它太过浪漫。威

尼斯的浪漫中多少掺杂着一些凄美。

地下水抽取过多，造成威尼斯的陆地不断下沉，再加上周期性的潮水，因水而美丽的威尼斯正在被洪水慢慢侵蚀。它还会为我们的世界美丽多久？这已经不是我们能够左右得了的事情了。我们能做的，仅仅是靠近它、欣赏它，把心盛满浪漫的感受，然后再离开。

当一切成为记忆，记忆也一定会是湿漉漉的，仿佛还能闻到水的气息……

巴黎——世界会议城

"法国巴黎"，这个城市的艺术品异常丰富，规格之高，是世界上任何一个城市都无法相比的。

世界上能像巴黎那样经过多次重大事件从而改变历史进程的城市并不多。巴黎已有 2000 多年的历史，作为法国的首都亦有 800 年之久，是一座古老的文化都城。最初的巴黎起源于塞纳河中如今叫做"西岱"的一个小岛。西族人生活在这里，他们以捕鱼为生，随着时间的流逝，小村落变成了一个叫吕戴斯的小镇。公元 358 年，罗马人占领了西岱。罗马大帝朱利安陶醉于当时塞纳河柔缓的波浪和清澈的河水，开始在此大兴土木，并正式定名为巴黎。

巴黎不但是法国历代王朝的都城，也是法国资产阶级革命的发源地。1789 年 7 月 14 日，巴黎百姓攻破巴士底监狱的大门，从而开始了法国资产阶级民主大革命。后来，这一天便成了法国的国庆日。

建在塞纳河畔的卢浮宫，最早是 13 世纪时奥古斯特出于防御目的所建的城

堡，查理五世改为王宫和图书馆，仅此一项壮举，足使其彪炳史册。后经历代改建，到路易十四时，卢浮宫成为展出绘画和雕塑的场所。1793 年后，此宫作为艺术博物馆正式对外开放。在拿破仑鼎盛时期，或征伐，或进贡，所征用的艺术品包括欧洲诸国、古埃及、希腊、埃特鲁里亚、罗马以及东方各国的，其中有绘画、雕塑、金银饰品、王室珍玩等世界一流精品。从目前馆藏目录看，已超过 40 万件。

巴黎是世界著名的"花都"。巴黎的公园不像伦敦那样广阔，而是更小巧别致，更具有民族特色。走遍全城，到处都会碰到一些出人意料、令人眼花缭乱的美。当你走出一条色彩缤纷的大街，正当你惊叹它的豪华的时候，眼前忽然展现出一片更壮丽的广场，把你带进另有一番情趣的美妙世界。一道别致的桥，一座精美的纪念碑，巴黎就像挥霍无度的大亨一样，把美丽的珠宝到处乱撒，俯拾即是。在街头巷尾，你常常会碰到一些美得让你惊诧的雕像，那都是出自罗丹、加耶等艺术大师之手。巴黎的美实在太丰盛、太多姿多彩了，叫人目不暇接。你只要到过这座城市，可能马上会觉得世界上别的城市都黯然失色，不值一观。

雅典——欧洲文明的摇篮

希腊首都、世界著名古城雅典，位于希腊半岛东南的阿蒂卡平原，东、西、北三面环山，山麓地带同城市边缘相连接，西北和南面濒临科林斯湾和萨罗尼克湾，山海掩映，阳光灿烂，林木葱郁，风景如画，是希腊政治、经济和文化中心，也是全国铁路和航空的枢纽。

雅典是古希腊文明的发源地之一，为公元前8世纪伊奥尼亚人所建，距今已有2800多年的历史。公元前4世纪，古希腊艺术、文化、哲学已相当发达，冶金、造船、陶器、皮革、建筑等行业风行欧洲。雕塑家菲迪亚斯、数学家欧几里得、历史学家希罗多德等都诞生或居住在雅典，并在这里从事创作或讲学活动。奴隶制经济和政治的高度发展，相应地产生了古希腊丰富灿烂的文化。当时的奴隶制城邦还直接组织和管理戏剧的创作与演出，市民看戏不仅不收门票，还可以领取津贴。

历史上，雅典城历经苦难，多次受到异族侵占。公元前338年马其顿人占领这里，公元前2世纪被罗马帝国吞并，公元4世纪以后被拜占庭帝国占领，到1458年又被奥斯曼帝国占领，1830年希腊宣告独立，雅典被定为首都。

雅典是希腊古文物的中心，迄今保留着许多古代文化遗址。漫步雅典市内，到处都可以看到举世闻名的历史文化古迹。位于市中心的希腊历史文物博物馆里，陈列着从公元前4000年以来的陶器、雕刻等丰富多彩的希腊古文物，生动地展现了希腊各个历史时期的文化。另外，还有拜占庭博物馆、国家图书馆、科学院、国家剧院以及建于1837年的雅典大学等。

在雅典的古代文化遗址中，最引人注目的是坐落在市区东北一座高90多米的阿克罗波利斯小山顶的雅典古城堡，亦称雅典卫城，建于公元前800年，迄今雄踞山巅，最早的雅典城便是以这个古城堡为中心发展起来的。古城堡原为雅典奴隶制统治者的城堡，后改为供奉雅典保护神雅典娜的地方，成为宗教活动中心，既是战争时期的军事要塞，又是平安时期的祭天供神之地，是文物荟萃、历史悠久的建筑，其中著名的历史古迹有巴特农神庙、卫城山门、厄瑞克提翁神庙和雅典娜胜利神庙等，具有相当高的历史文化价值，被联合国教育、科学及文化组织列入世界文化与自然遗产保护名录。在旅游旺季，每天慕名前来游览古城堡的外国游客多达1.4万人次。

巴特农神庙位于古城堡中心，建于公元前5世纪，为长方形建筑，柱廊由东西16根、南北8根多立斯型大理石柱构成，分为前殿、中殿、后殿，92道殿墙全部采用白色大理石砌成，墙面上雕刻的神像和珍禽异兽栩栩如生。庙顶东西两侧的人字墙上饰有描述希腊古代神话内容的大理石浮雕。整座庙堂结构严密，比例协调，浑然一体。在漫长的历史岁月里，巴特农神庙几经天灾人祸，历尽人间沧桑。1687年，威尼斯军队炮击古城堡，神庙顶端和殿墙被炸塌。19世纪初，庙内大量雕像被盗运到英国，现在仅存有神庙大部分石柱和部分其他结构以及矮小的殿堂和城堡的雄伟山门。城堡东南角上建有规模宏伟的博物馆，馆内存放着石雕和其他古文物，城堡下还保存有希腊古剧场、集市中心和竞技场的遗址。

在巴特农神庙殿堂中，曾供奉着用黄金和象牙雕刻的雅典娜像，这座高12米的神像被视为古希腊艺术的瑰宝，可惜在公元146年被罗马帝国的皇帝强行劫走了。在古希腊神话中，雅典娜是智慧女神，是希腊人最崇敬的保护神，雅典城便是由雅典娜而得名的。

　　古城堡以西的尼姆夫小山上有天文台。东北方有旧时王宫，现为议会所在地。附近有公园，为前皇家花园，再往东是体育场，1896 年现代第一届奥林匹克运动会即在这里举行。古城堡以北是科学文化中心。

　　雅典因受地中海气候影响，夏季少雨，阳光充足，空气清新。雅典，以它那古老灿烂的文化和秀丽宜人的风光，吸引着世界各地的游客。

佛罗伦萨——西方雅典

在意大利语中，佛罗伦萨意为"鲜花之城"，是意大利文艺复兴运动的发祥地，也是文艺复兴时期艺术品最丰富的保存地之一。

公元前 1 世纪时，佛罗伦萨为罗马帝国的军事要塞，是作为罗马殖民地发展起来的。文化也随之高度地发展起来，城市很快获得了巨大的文化成就，并自夸为"新雅典"。到了 13 世纪，它已成为欧洲屈指可数的自治城市。

佛罗伦萨是个布局紧凑的城市，它的主要景点都可步行到达。在这小小的空间里集中了地球上最多的艺术杰作。

在这里由大理石铺地的广场上有三门廊神殿、伊西斯庙、两处浴场、一座露天剧场和两座公元初年所建的大教堂。

圣玛丽亚·德尔·弗洛雷大教堂是古老城市的标志性建筑，建于 1296 年，以后又在八角形平面上架上了直径为 45 米的大圆顶。教堂的钟楼是 14 世纪的建筑，高 82 米，用各色大理石砌成。大教堂对面的八角形洗礼堂的建造用了整整一个世纪的时间，有青铜大门和后期拜占庭式的意大利最精美的镶嵌图案。西尼奥里亚广场上有建于 13 世纪、现为市政大厅的西尼奥里宫，这是一座眺望台式的高耸塔楼，高 94 米，是典型的佛罗伦萨城堡式建筑，全部用方形石块砌成。其侧翼有兰齐走廊，当初为修道院长和行政长官宣读文告的会场。

横贯市内的阿尔诺河上有七座桥，其中一座石桥是 14 世纪中期重建的，桥廊古风盎然。石桥两端连接有举世闻名的乌菲齐美术馆和皮提美术馆，是世界上最著名的美术馆。两馆隔河相望，馆内绘画精品荟萃。其中大卫雕像是佛罗伦萨人民捍卫自由的象征，它有"市民之子"之称。这里有文艺复兴时期艺坛三位巨匠的作品：拉斐尔的《圣母像》《阿尔巴圣母》，提香的《佛罗拉》，波提切利的《维纳斯的诞生》等，这些都被列为世界级艺术珍品。正是这些人共同创造了佛罗伦萨的光荣与不朽。

佛罗伦萨大教堂的落成和落成盛典被史学家们视作一个新的文化时期的开端。平等的激情在平民中汹涌，空气中洋溢着人文主义的精神，佛罗伦萨开始了崭新的历史。560 多年来，"圣母玛利亚之花"始终常开不败。佛罗伦萨大教堂标示了新的时代精神的莅临，但这并不意味着文化情绪与中世纪历史的彻底隔绝和分离。佛罗伦萨大教堂依旧延续了哥特式后期风格的余脉，杜飞圣歌虽然在教堂音乐中融进了更多柔性的世俗情感和柔和、流畅的旋律与声音，从而指向了文艺复兴时期，但敬神的背景在圣歌中依然存在。所以，只要人类继续存在，那么历史就不会在什么地方终结。而且，在它开始新的成长的时候，它不会鄙弃那些旧有的有价值的东西的滋养。

在文艺复兴时期教堂群的后上方有赫然耸现于公爵宫的双塔，是一个保持原状的文艺复兴初期的瑰宝。这里的蒙太费尔特罗宫，是文艺复兴时期最辉煌的宫殿之一。

慕尼黑——德意志的天堂

慕尼黑位于德国南部阿尔卑斯山北麓的伊萨尔河畔，是德国主要的经济、文化、科技和交通中心之一，也是欧洲最繁荣的城市之一。

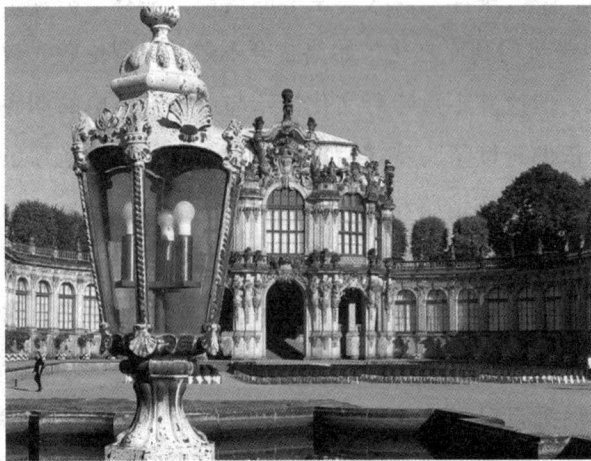

慕尼黑除了说它是德意志的天堂，还能怎样形容它呢？有人梦见自己到了天堂，而在德国，所有人都梦见他们到了巴伐利亚的慕尼黑——托马斯。慕尼黑已经有 800 多年的历史，是巴伐利亚的首都，坐落在海拔 500 多米的高原上，作为德国主要的文化中心，星罗棋布的歌剧院、博物馆和剧院使这座城市一年四季都充满了人文魅力。它是欧洲年幼的女儿之一。1158 年，当巴伐利亚公爵——狮子亨利跨伊萨河架起一拱石桥，慕尼黑人才跳入历史的光圈。到了 1255 年，慕尼黑已经成了巴伐利亚的首府。今天的慕尼黑已经对科学家与艺术家挥舞起诱惑的魔杖。新闻、时装、电气工业已经根深蒂固，出版业发达。它拥有 71 家剧院、50 座博物馆、21 个贸易市场和 11 所大学。到这座百万人大村落里走一走，你就一定能触到慕尼黑那颗温暖的心。

真正地走近慕尼黑这座城市，你会感觉到它堪称欧洲建筑博物馆。在这里，欧洲各个时期的著名建筑风格兼收并蓄，乃至 16 世纪的哥特式、古罗马式、巴洛克式古建筑都应有尽有。这里还盛产啤酒，饮用量为世界第一，因此人们称慕尼黑为"啤酒之都"。这里的啤酒节则是慕尼黑的传统节日，已经有 170 年的历史。节日期间，本国和外国的游客纷纷涌入慕尼黑，为该城增添了更多的激情与色彩。

慕尼黑在人们的心目中也有着不愉快的记忆，这是因为它是希特勒的发迹之地。希特勒曾在这里建立最初的法西斯武装冲锋队和党卫军，成立国社党，搞过"啤酒馆政变"。慕尼黑在第二次世界大战中实际遭到空袭 66 次，整个城南几近毁灭，但战后的重建搞得十分出色。

慕尼黑是欧洲的一块磁石！在阿尔卑斯山的倩影中，在伊萨河的柔波里，涌动着的是慕尼黑的生机！这里是个很逍遥的城市，既乡土又现代、既奔放又随和、既时尚又精彩，加之啤酒、音乐和巴洛克艺术，更是无数人向往的地方。

圣彼得堡——上帝的房子

　　圣彼得堡位于俄罗斯西北部，波罗的海沿岸，是列宁格勒州的首府，也是仅次于莫斯科的俄罗斯第二大城市。这是一座曾经承载着复兴之梦的城池，一个彼得大帝用梦想建造的杰作。作为俄罗斯最欧化的城市，它被普希金赞颂为俄罗斯"通往欧洲的窗口"。圣彼得堡风光旖旎，河流纵横，桥梁众多，又被称为"北方威尼斯"。

　　圣彼得堡地区原来是波罗的海芬兰湾出海口的一片沼泽地，其周围地区，包括现在芬兰湾一带的土地，当时称"英约尔曼兰"（瑞典语 Ingermanland），为瑞典王国所拥有。沙皇彼得一世为了争夺面向西欧的出海口，于 1700 年开始对瑞典宣战，历时 21 年的北方战争正式打响，彼得一世从瑞典夺取英约尔曼兰，并在这里修建城市，起名为圣彼得堡。1712 年彼得大帝把首都从莫斯科迁到圣彼得堡，圣彼得堡成为沙俄帝国的首都，经过叶卡捷琳娜、亚历山大一世直至尼古拉二世的不断建设，成为俄罗斯帝国的政治、经济和文化中心。

　　亚历山大二世废除俄罗斯的农奴制度后，圣彼得堡的工业得到迅速发展，建立了机械、造船、电力、食品等工业，并形成了产业工人阶级。

1825 年，俄罗斯一批贵族在圣彼得堡发动十二月党人起义。1905 年俄国第二波罗的海舰队在对马海峡海战中战败后，圣彼得堡爆发"流血星期日"事件。1917 年该城先后爆发二月革命和十月革命。十月革命后，由于第一次世界大战，德国军队接近圣彼得堡，首都即将沦陷。苏联于 1918 年将首都迁至莫斯科。1924 年圣彼得堡改名为列宁格勒。

列宁格勒在二战后进行了重建，并且再度成为苏联的工业中心区之一，同时还保持了文化和艺术的中心地位。由于临近芬兰，该城成为苏联时代为数不多的可以直接收看到西方电视节目的城市之一，每年有 35 万苏联游客经这里前往芬兰旅游。

1991 年 9 月 6 日，该城市民以 54% 的多数通过了恢复"圣彼得堡"旧名的决议。

圣彼得堡的建筑举世闻名。这里的建筑不可思议地与自然景观融合起来，这里是河的城市，是岛和桥的城市，是一座水上城市。

坐落在俄罗斯圣彼得堡市区的伊萨基辅大教堂，与梵蒂冈的圣彼得大教堂、伦敦的圣保罗大教堂和佛罗伦萨的花之圣母大教堂并称为世界四大教堂。

大教堂造型雄伟壮观，被视为俄罗斯晚期古典主义建筑的精华。早在 1768～1802 年，曾在这里建造过一座伊萨基辅教堂。但还没有竣工就发现这座建筑不够雄伟，同整个都城的布局不太协调，于是这座教堂还没有盖完就被废掉了。19 世纪初开始广泛征集新的设计图纸，最后一位名叫蒙弗朗的法国青年的设计方案被采纳了。他一共设计了 24 种方案，沙皇亚历山大一世选定了其中一种。

彼得宫又称夏宫，曾经是彼得大帝的避暑行宫。这里宽阔的草坪、花园、喷泉与镀金雕像，是夏宫花园的最大特色。150 个喷泉的 2000 多个喷柱，不停地向蓝天喷放出水柱，形成瀑布和千姿百态的造型，令人目不暇接，还有幽静、高大的森林，更使人流连忘返。由于建筑豪华壮丽，夏宫被人们誉为"俄罗斯的凡尔赛宫"，成为世界各地游客来圣彼得堡的必游之地。彼得大帝是好大喜功的人，一边建造新都城，一边却在数十里外盖了一座花园宫

邸，作为夏天用来避暑的行宫，正式名字叫彼得宫，但一般人们都爱叫它夏宫。这座宫殿位于波罗的海的芬兰湾畔。

整个彼得宫可以分成上半宫殿区和下半园林区，而后者比前者更值得花时间游览，因为彼得大帝为了加强消暑效果，特意在园内装设了大大小小奇趣壮观的喷泉。紧挨着皇宫平台的斜坡上，便有一座巨型喷泉，数不清的水柱从 20 多个"铜人"里激射而出，在艳阳下，水花的晶莹和雕像的金光相互辉映，非凡的气势令人看得目瞪口呆。散布在两旁的小喷泉则各具特色，不过要小心其中隐藏的陷阱，或是突如其来的水箭，或是从天而降的"骤雨"，可能会把人围困在进退两难的水柱阵内。应付这些彼得大帝设计的用来戏弄皇宫大臣的机关，最佳办法就是穿上雨衣，或备好替换的衣物。

艾尔米塔什博物馆是世界四大博物馆之一，与巴黎的卢浮宫、伦敦的大英博物馆、纽约的大都会艺术博物馆齐名，位于俄罗斯圣彼得堡涅瓦河畔。艾尔米塔什博物馆是大型艺术与文化历史博物馆，占地面积 9 万平方米，建筑物包括：冬宫、小艾米尔塔什、旧艾米尔塔什、新艾米尔塔什以及可容纳 500 多观众的艾尔米塔什剧院。

该馆最早是叶卡捷琳娜二世女皇的私人博物馆，后来在 1764 年，叶卡捷琳娜二世从柏林购进伦勃朗、鲁本斯等人的 250 幅绘画存放在冬宫，起名为奇珍楼。经过多年的积累，艾尔米塔什的藏品日渐增多，收藏的种类也不再单一。十月革命以后，整个冬宫归于艾尔米塔什博物馆，该馆于 1852 年正式开放。艾尔米塔什博物馆里珍藏的历史文物与艺术品，约有 270 多万件。据说看完这么多藏品要花费 27 年的时间。

春雨中的圣彼得堡，弥散着一股忧郁、阴郁的气息。寒冬里没有完全融化的积雪依旧躲藏在墙角下，漫步在圣彼得堡的街头，无论是谁都愿意迷失在这中世纪的迷途中。在北天星辰的照耀下，几百年的繁华酝出了俄罗斯的文明，也使圣彼得堡成为群星中最亮的一颗。

布拉格——莫道河畔的美丽风景

布拉格为德语音译，亦称布拉哈，意为"门槛"。传说古时布拉格开始建城时，一位建筑师在这里勘察，遇见一个正在锯木做门槛的老人，他特别认真、仔细地工作，建筑师深受感动，城市建成后，便命名为布拉格。但其命名还有一原因是：伏尔塔瓦河在这里流经一个暗礁，水流湍急，酷似越过一个门槛。

布拉格历史区有近千年的历史，它雄踞于布拉格市中心的一座山冈之上，是由圣维特大教堂及众多宫殿组成的建筑群。

公元 880 年左右，伏尔塔瓦河左岸建起了城堡。公元 900 年，在右岸建立了比休弗拉特城。从此，布拉格城市面积由 2 平方千米扩大到 33.2 平方千米，成为中欧第一大城市。至 13～14 世纪成为中欧政治、经济和文化的中心。

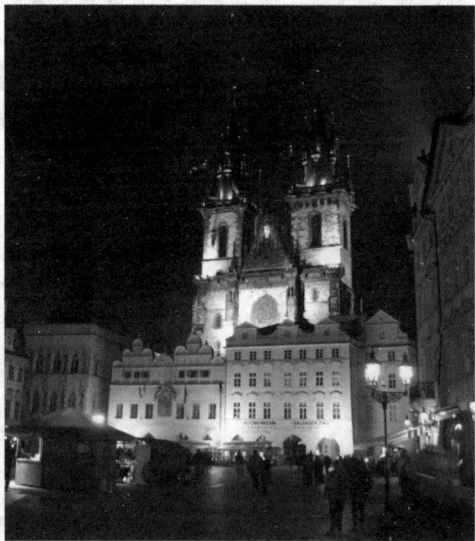

布拉格城堡建于公元 9 世纪，自 1918 年捷克斯洛伐克共和国成立以来，历届的总统办公室均设在城堡内，因此城堡又称"总统府"，现仍为捷克共和国总统府所在地。布拉格各个历史时期的建筑风格在此均有所体现。这里有罗马式、哥特式、巴洛克式及文艺复兴等各个历史时期的建筑。

布拉格历史区有许多教堂，以圣维特教堂为核心。它坐落在总统府大院中

间，始建于 1344 年，是城堡内最高的建筑。教堂顶尖高达 97 米、长 60 米、宽 12 米，远望巍然高耸，塔尖高触苍穹。教堂的外表布满花纹图案，刻工细腻，石雕的人兽，造型美妙，千姿百态。

教堂内收藏着 14 世纪以来捷克国王的王冠和权杖，陈列着国王的塑像。教堂的地下是一座安放波希米亚王遗体的地下灵堂。

总统府前院三面都有楼房，中间是一片广场，广场边有巴洛克风格的圣尼古拉教堂、蒂恩教堂的双塔。广场南面有伯利恒教堂，东南面有卡罗利姆宫。1348 年，这里创立了以查理四世之名命名的查理大学，是这座城市中最古老的建筑。另外还有一座 16 世纪捷克国王的宫殿，在宫殿中有一座名为弗拉基斯拉的大厅非常漂亮，它是这座哥特式宫殿的重要部分。宫殿先是布拉格罕见的洛可可式风格，后来改建为新古典式样。它曾是国王举行加冕礼的地方，如今已成为共和国总统选举仪式所在地。

圣乔治教堂坐落在圣维特教堂的东面，教堂呈长方形，建于公元 10 世纪，是布拉格最古老的罗马式教堂之一。第姆圣母教堂始建于 1390 年，"第姆"的意思是"被栅栏围起的地方"。另外还有救世主教堂、圣弗朗西斯科教堂等。附近的约瑟夫地区曾是犹太人聚居地，在中欧曾一度存在极丰富的犹太文化，这里成为世界各地犹太人前来朝圣的地方。犹太教堂建于 1270 年，是欧洲保存下来的最古老的建筑之一。

阿姆斯特丹——人在画中游

阿姆斯特丹位于艾瑟尔湖西南岸，阿姆斯特尔河从市内流过，从而使该城市成为欧洲内陆水运的交汇点。

阿姆斯特丹是一座奇特的城市。在这里你会不断地怀疑，是童话还是现实。阿姆斯特丹人居于水上，水入城中，人水相依，景自天成。

阿姆斯特丹是一个体现历史与文明分界线的地方。数以千计的商店，优美的人行桥，堂皇的运河民居是它显赫过去的证人。在荷兰，阿姆斯特丹显得古老而极有味道。所有三层和四层的小楼房被蓝色、绿色和红色精心地装饰着，可爱得像假的一般。这些玩具一般的楼房的门，是那么的狭小，仅能容得一个人走进。古时此地有一条奇怪的法律，门越大交纳的税就越多，无奈的人们只好将门尽量做小，却把窗户做得很大，家具什么的都从窗口吊运进出。所有小楼房的顶部，都有数个伸出来的铁钩子，以固定吊运物品所用的绳索。

密密的水道又将这些可爱的街巷一块一块地分割开来，成群的海鸥在水道和楼房间飞舞，欺负着在水里觅食的鸭子，仿若北方的威尼斯。

　　阿姆斯特丹看似坦荡，其实却像个谜，一直不解，是什么使这座城市如此的宽容？有人说是由于这里地势低洼，阿姆斯特丹人好不容易在海平面下建立了城市，还时时为洪水担惊受怕，所以格外懂得及时行乐；也有人说是由于填海造田需要外来人的帮助，所以荷兰人欢迎外来人的加入，也对各种外来事物格外宽容，以至于荷兰女王有个外国丈夫，荷兰人都讲得一口流利的英语，也就不足为怪了。

　　阿姆斯特丹是座水城，有大小 165 条人工开凿或修整的运河道，河网交错，河道纵横，十分壮观。阿姆斯特丹著名的运河有皇帝运河、王子运河和绅士运河等。这里的运河带建成于 17 世纪，共有 160 条河渠，计 75 千米长，并且是 2500 艘住房用船的停泊之地，虽然是船屋但设施齐全。

　　游船穿行在著名的河道间，可以发现在街道行走时所未留意到的景色，河道两旁是典型的荷兰传统民居建筑。运河边的房屋建于 17 世纪中期，大多为红砖建筑，梯阶尖顶，外形精致优雅。当时征收房产税是按门面的面积征收，精明的荷兰人为了节省税收，都尽量减少正面的面积，所以将屋子建造得细长。由于门面狭小所以装饰的心思都放在了屋顶的山墙上，仔细观察就不难发现，各家的山墙都各不相同。另外，由于门窄，大型家具物品需从窗户进去，为此房上设有凸出的吊钩。

　　除此之外，运河边的酒吧、餐馆、礼品店鳞次栉比。在工艺品店里摆满了木屐和风车。有的店门面也以风车做装饰。阿姆斯特丹的风车、木鞋、运河、小桥、船屋、诱人的郁金香、田园牧歌，所有的这一切构成了美丽的阿姆斯特丹童话王国。

罗马——精神追求的最远端

意大利首都罗马，是一座历史悠久的世界文化名城，一座令人感到十分神秘的城市，一座有着独特风格、万般诱人的城市。直到今天罗马城中仍有极其丰富的古迹。走过罗马布满现代建筑的街区，时常可以看到各处散落的残垣断壁，孤零零的白色大理石雕柱，教堂、庙宇的残墙，坑坑洼洼的石砌大道，长满青苔的喷泉底座，倒塌了一角的圆形竞技场，尚属完好的凯旋门，所有这一切像是在无声地向你诉说着昔日的辉煌和强盛，真可谓霸业已去、豪气犹存。这些废墟，这些建筑，都是几千年前的原物，经历了沧桑岁月，依然一派庄严肃穆，不能不让人肃然起敬。人们将这座城市称为"永恒之都"，真是恰如其分。罗马人能这样精心保护这座古城的文物古迹，珍惜自己民族的文化遗产，确实令人敬佩。

罗马是个繁华的大都会，这个城市有很多"最多"，比如街头雕塑最多，教堂最多，喷泉最多，公园最多，神职人员最多，野猫最多，等等，除此之外，还有一个最多：罗马的广场最多。从街区地图的地名来看，广场之多，数不胜数。

罗马可以说是一座宗教城。在这里，神职人员、修士、修女比比皆是，这一点

世界任何一个城市都不能与罗马相比。由此而来的是，罗马的教堂特别多，据说全市有大小教堂 600 多座。这里不仅有天主教堂，还有犹太教会堂和穆斯林的清真寺。较大的教堂多是文艺复兴时期兴建的，最著名的是圣彼得大教堂和西斯庭大教堂。圣彼得教堂的穹顶像一顶皇冠，内墙用彩色大理石砌成，加上一些大幅宝蓝和朱红色的镶嵌画，愈显得鲜明富丽。1929 年后，这里变成了天主教王国梵蒂冈城的中心。文艺复兴的三杰之一——米开朗基罗的两幅最杰出的壁画在西斯庭教堂，宏伟的"巨人世界"占据了整个教堂。祭坛背后的《末日的审判》画满了力士一般的裸体巨人，以"伤风败俗"之作猛烈冲击着教会的伪道学。

在罗马，博物馆像教堂一样，到处都是，数不胜数。其实，那名胜古迹本身就是极有价值的博物馆。从这个意义上说，罗马本身就是一个大型博物馆，它是历史的见证，展现了人类文明进步的历史进程。在罗马，不论是进博物馆，还是游览名胜古迹，你都可以体会到人类文明是如何发展演变的，都可以清楚地听到人类历史前进的脚步声。

今天的罗马，不是出于诗人的描绘，而是一种实在，一座结结实实的石头城，一座曾经属于恺撒、奥古斯都、图拉真和哈德良的石头城。

如果说神秘和对过去的追忆，是一座城池的内心涟漪，是一个伟大城市必不可少的因素，那么曾经孕育了两次人类文明的罗马，便是伟大中的伟大了。

作为千年古都的标志，它是一个古世纪的回放，历史在这里的每一个角落都写满沧桑。它沧桑，它看到太多的过往、太多的世态炎凉。如今，它老了，但它的苍老并不缺乏睿智，反而形成一种神秘的气质，宛如一位白衣老者，坐在藤椅上，说着一个永远也说不完的故事。

普罗旺斯——蔚蓝海岸

一望无际的紫色花海，一望无际的蓝色天空，一望无际的阳光般的向日葵……这一切只会在一个地方交集，这就是法国南部的普罗旺斯。它是中世纪诗人在诗歌中盛赞的"快乐王国"，也是今天的度假胜地——"蔚蓝海岸"。

普罗旺斯是古罗马帝国的一个行省，现为法国东南部的一个地区，从阿尔卑斯山经里昂南流的隆河，在普罗旺斯附近分为两大支流，然后注入地中海。

整个普罗旺斯地区因极富变化而拥有不同寻常的魅力——天气阴晴不定，暖风和煦，冷风狂野；地势跌宕起伏，平原广阔，峰岭险峻；寂寞的峡谷、苍凉的古堡、蜿蜒的山脉和活泼的都会……全都在这片南法国的大地上演绎着万种风情。

普罗旺斯最令人心旷神怡的是，它的空气中总是充满了薰衣草、百里香、松树等的香气。这种独特的自然香气是在其他地方所无法轻易体验到的。其中又以薰衣草最为得天独厚且深受人们喜爱。由于充足灿烂的阳光最适宜薰衣草的成长，再加上当地居民对薰衣草香气以及疗效的钟爱，因此，在普罗旺斯不仅可以看到遍地薰衣草紫色花海般翻腾的迷人画面，而且在住家也常见挂着的

各式各样薰衣草香包、香袋，商店也摆满由薰衣草制成的各种制品，像薰衣草香精油、香水、香皂、蜡烛等，在药房与市集中贩卖着分袋包装好的薰衣草花草茶。让人禁不住想多了解一些普罗旺斯迷人的香气和薰衣草的种种。

　　普罗旺斯是欧洲的"骑士之城"，得名于影片《屋顶上的轻骑兵》。意大利骑士安杰罗为革命事业逃至这里，知遇之恩使绅士与淑女宝琳娜的邂逅成为一段乱世情缘……当宝琳娜与安杰罗再次相遇，在普罗旺斯广阔的土地上驰骋的时候，一切变得心旷神怡。

雾都——伦敦——艺术之都

没人能否认伦敦在世界上所谓"大城市"名单中的地位与分量。然而伦敦的与众不同，似乎并非一言可以形容。稳重的、优雅的、固执的……伦敦并非只在雾中才有真谛，这个名字本身，就已经成了一种象征、一个时代，甚至是一种时空的标志。

柯南·道尔笔下，伦敦是个浓雾笼罩的神秘城市，福尔摩斯和华生乘马车在城市里穿行，寻觅隐藏在迷雾中的罪恶。大侦探无案可破时，也许会站在窗前感叹"黄雾沿街，滚滚而下"，而事实上，弥漫在 19 世纪英国文学史里的浓雾，只有对于那些局外旁观者来说，才是美丽的。

"雾都"这个名字，听起来就给人一种冷酷忧郁的印象。黄昏时阴霾的天空，遍街泛着冰冷光泽的大雾，泰晤士铅灰色的河水，大本钟麻木而毫不留情地报出时间逝去的声音……这一切让人想起的也许是亨利八世或维多利亚女王，或是其他那些留在已经泛黄的历史书页中的名字。他们使城市不朽，而自身作为人类的短暂时光也因这种不朽而得以永远流传，以一种稳重的、优雅的、固执的姿态永远流传下去。伦敦就是这样一个融汇了人世间的无数传奇，再磨碎

它们，散发到大街小巷寒冷潮湿的空气中，同时却又丝毫不动声色的城市。

旧时的英国，在无数文人笔下被渲染成一个冰一样的国家，尤其是那个充满压抑感的雾都。某种程度上，伦敦真的是个充满完美悲剧氛围的地方，也许当初那些人在给它别称时也考虑了这个因素，却没有谁为它找过最精确的答案。狄更斯似乎太感性了一点，伦敦是没有那么纯粹的；夏洛蒂又太美国化了，不符合英国给人的感觉。

唯有艾米莉为她笔下游荡的幽魂所建起的庄园里，阴天、石楠丛生的高地、伫立在灰色空气中的房屋、远处模糊不清的人影，使人犹如置身于一张暗黄色的网中，连呼吸的空气都充满了冷漠和高傲的味道，伦敦才像是稍微显露了它的真本性，把热情压抑得刚刚好。然而，这或许仍是浓雾之外的人们一厢情愿地加给它的可爱想法罢了。

也许正因为这种莫名的不确定感，才催生了无数英国人的灵感，把全世界的浪漫都收集到大不列颠岛上来，然后再从这里流传到四方去。在这里，在那个现代人眼中的理想年代，一大批帅气的、朝气蓬勃的诗人，他们聚在一起，用诗歌写出心胸和情感。华兹华斯、柯勒律治、拜伦、雪莱、济慈，他们时时不忘带着世人重温18世纪末的浪漫，重新感受19世纪初朦胧的雾都伦敦。同样忧郁的还有莫奈，他出生在巴黎，却在伦敦找到了灵感。人们说，在莫奈之前，没有一个人发现围绕伦敦诸桥的雾是虹色的；而在莫奈之后，没有一个人在看到伦敦之雾时，不会想到那红色印象中的日出。

在人们的感觉中，伦敦的时间永远是黄昏的冬天。纵然长年累月住在那儿的英国人肯定更喜欢夏日，纵然可以整整一星期都有阳光照在古老的街道上，随时可以嗅到温暖空气中玫瑰散发出的甜香芬芳，可以信手挥洒一道真正有颜色有气息的彩虹，固执的伦敦却始终不会，或者说不愿用暖色调来装饰自己。

不过，这个城市也因为固执地保存了这种灰色的沉默，反而变成了乐于描绘它的世人们眼中最完美的形象。无论说它是天堂的、地狱的、智慧的、愚昧的、最好的，抑或最坏的，只有用最极端的词汇才能表达，像极了世世代代走在城市暗色街道的伦敦人，骄傲得不可一世，却又是这世上最彬彬有礼的人。

多半是因为他们真正相信自己，真正高傲的人是不屑于在喧嚣的人世里张扬的。

这种似是而非的矛盾在整个世界都存在，却只有高傲固执的英国人、只有高傲固执的伦敦才表现得最透彻。有人说现代的伦敦不再是伦敦了，慕雾都之名而来的人们可能会失望，因为那工业时代棕黄色的伦敦雾已经成为过去，只有偶尔在冬季或初春寂静的早晨，才能看到一层薄薄的白色雾霭，阳光驱散薄雾后，让人难以想象当年迷离晦暗的雾中情景。

然而伦敦并没有变，正是那种高傲固执，给了它一颗不屈跳动的心脏。在新世纪汹涌变幻的波涛里，这个泰晤士河畔的都市也在以它固有的精神在古老的压抑中寻求着解脱，试图去打破，又坚决不愿改变。这种挣扎成就了另一种精神上的完美，而那本身正是伦敦亘古不变的灵魂的体现。伦敦变了，是因为它没有变。

灰色的雾都始终是如此的，那天空、那雾气、那河水、那行人，让伦敦已经不仅仅是一个城市，那名字本身已经变成了一种象征。这个象征让没有生命的土地不再是个简单的存在，它变成了一个灵魂，一种精神，它就是伦敦。从城市开始之日就存在，直到今日，直到永远。

庞贝——一座城市的重现

将近 2000 年前，一场火山喷发把意大利的小城庞贝埋在 6 米厚的火山灰下。千百年后庞贝出土了，竟然景象如故，可说是奇迹。当年城内居民的日常生活及灾祸降临时的情况，历历在目。

考古学家在庞贝发掘出的遗物，揭示了当年的情况，比文字记述还要生动。正因为事出突然，而且来势极猛，所以这座罗马城市反而能够保持原状，名垂后世。

今天我们所看到的庞贝城几乎和公元 1 世纪当地居民所看到的一模一样。熔岩和火山灰掩盖了尸体、房屋和公共建筑物。街道上甚至还有明晰的车辙，就像骡车昨天才走过似的。

这座万人冢得以保存下来，简直是奇迹。里面的宝藏埋在火山灰下差不多 1700 年，这期间从没有人发现。

到了 1748 年，那不勒斯国王的工程师艾克毕尔在检查一条古旧引水隧道时，才偶然发现庞贝的商业区。他把桩打到地下，结果掘出了一幅精美的壁画。接着他发现一具庞贝居民的尸体，手里攥着一大把金子。死者生前究竟是一个乘乱抢掠的盗贼，还是狼狈逃命时想把生平积蓄带走的平民，我们无从知道。

艾克毕尔继续积极挖掘遗址，但他的发掘显然有点杂乱无章。100 多年之后，意大利考古学家费奥莱利采用现代的科学方法发掘，慢慢地挖掘遗址，逐所房子、逐条街道地挖，免得遗漏城市的任何线索和事物。

他又想出一个巧妙的办法，把石膏注入火山灰中尸体形成的空穴，还原死者死时的形状。遗址中有一张桌子已经摆好了早餐，但是准备吃饭的人都逃到地窖里，紧紧拥抱在一起。参观的人见了无不动容。另一幢房子门口清楚地留下一个逃难者的痕迹，显现他临死前挣扎的惨状。日常生活历历在目。埋在熔岩和火山泥灰中的庞贝古城出土时，就像复活过来似的。墙上潦草的图画、工笔的图画、咒语、猥亵的涂鸦以及云母石上庄严的刻文等，一一显现在考古学家眼前。

它们不但能重现 2000 多年前惨剧发生的情形，也展示了古城庞贝日常生活的完整面貌。我们于是可以打开遮隔古今的帷幕。最出名的庞贝考古学家迈亚瑞指出，我们凭此可以和古代沟通，而且这种沟通可以继续下去。

梵蒂冈——信仰超越材质

梵蒂冈恐怕是当今世界最特殊的国家：既是天主教教皇的领地又拥有独立主权。历史上，教皇国疆域屡有变迁，国家数次亡兴。1929 年，墨索里尼同教皇签订《拉特兰条约》，教皇始建梵蒂冈城国。

位于罗马城西北角的梵蒂冈，是世界最著名的历史文化名城之一，城内集中着一批举世无双的艺术珍品和建筑杰作。城区大致呈三角形，东西长 1045 米，南北宽 805 米。作为国界的列昂四世城墙建于公元 847 ~ 855 年。城中心就是全世界最大的天主教堂——圣彼得教堂。教堂前，圣彼得广场的椭圆形双柱廊建于 1657 ~ 1667 年，出自巴洛克艺术大师贝尔尼尼之手；1475 年创建的图书馆，收藏着大量珍贵的早期手抄本和古版本；建于公元 5 世纪末期的博物馆，是世界上最古老的博物馆。博物馆里的西斯庭教堂内，迄今仍可见到意大利文艺复兴时期伟大的艺术家米开朗基罗的《创世纪》和《末日的审判》两幅壁画。

梵蒂冈的标志性建筑物当推圣彼得大教堂。它不仅是世界上最宏大、最壮丽的天主教堂，也是意大利文艺复兴和巴洛克艺术的殿堂。大教堂因建在耶稣最得意的门徒圣彼得的墓地上而得名。公元 3 世纪初，君士坦丁大帝率先为圣彼得正式兴建教堂。新教堂于 1450 年开始兴建，历经几个世纪的改建、重建，先后由米开朗基罗、勃拉芒特、拉斐尔、桑加洛和贝尔尼尼等不朽的艺术大师亲自主持。

大教堂总面积为 2.2 万平方米，长 200 米，最宽处 130 多米。其穹形大圆屋顶直径达 42.34 米，为米开朗基罗 72 岁高龄时的杰作，连今天最了不起的建筑大师也自叹不如。从地面到大圆顶顶尖十字架的高度达 137 米，迄今仍是梵蒂冈的最高建筑。中央大厅地面均用名贵的斑岩铺就，光滑明亮，花纹别致；天花板上装饰得金碧辉煌，极为精致华美。祭坛前面的地窖里，安葬着圣彼得的遗骨。陵墓前的杆上点着 99 盏长明灯，彻夜不熄。

教堂上下无处不闪烁着时间的幽光和艺术的匠心，多少年来，有多少人惊叹过它的神圣、庄严和辉煌。教堂门庭出自马德尔诺大师之手，长廊天花板镶着文艺复兴时期著名大画家乔托描绘圣彼得遭遇风浪的镶石画《小帆》；教堂中间一扇大门上，雕有耶稣、圣彼得、圣保罗以及古希腊和古罗马神话故事；大教堂平面呈"十"字形，"十"字交叉处为整个教堂的中心——教皇坛，坛上的金色华盖内雕着一只展翅飞翔的金鸽，正由天而降，光芒四射，象征着它给人间带来了福音。典型的巴洛克式装饰性建筑华盖，是建筑大师贝尔尼尼耗费了 9 年心血才建成的。大教堂的 镇堂之宝 则首推米开朗基罗的大理石雕《哀悼基督》。

世界各地的人们络绎不绝地来到这里，有的为朝圣，有的为游玩。无论目的何在，当仰望米氏大圆顶，当登上教堂屋顶平台俯视梵蒂冈时，人们肯定会忘了世间的烦恼与尘嚣，心底涌流的只会是震惊、感动和神圣。

马德里——斗牛之都

　　西班牙首都、欧洲著名历史古城马德里，位于伊比利亚半岛中心，坐落在梅塞塔高原上，海拔670米，是欧洲地势最高的首都，这里自然风光绚丽，阳光灿烂，每年的晴天时间在欧洲各大城市中排居首位，空气十分清新。西班牙是享有"旅游王国"美称的国家，而马德里每年接待境外游客超过400万人次，被人们称为"旅游王国的中心"。

　　马德里的得名，据说来自一个民间传说。

　　古代马德里一带，人烟稀少，熊迹出没。有一天，一位儿童在户外玩耍，突然有一只大熊向他追来，在这危急关头，机智的儿童迅速爬上一棵樱桃树，野熊无可奈何地围着樱桃树转来绕去。正在这时，儿童的母亲来寻找他，她见自己的孩子蹲在一棵树上，担心他摔下来，便招呼他下来，根本没有发现树底下还蹲着一只大熊。儿童担心野熊伤害自己的母亲，便在树上大声喊叫道："妈妈快跑！树下有野熊。"母亲见状，急忙跑回屋里，关上大门。最后，母子俩都未受到野熊伤害。"妈妈快跑"正是马德里地名的拼音，马德里即由此而得名。

　　马德里人口约300万，是西班牙的政治、经济和文化中心，又是欧洲著名的一座城市。早在公元 10 世纪，欧洲编年史上就有关于马德里的记载。那时，马德里称为"马吉利特"，是一座远近闻名的城堡。11 世纪以前为摩尔人的要塞。1083 年，西班牙人夺回了被异族入侵者占领的马德里所在的伊比利亚半岛，同时也收复了这座城堡。15 世纪，西班牙成为统一的封建国家，因马德里位居伊比利亚半岛的中心位置，地理位置十分重要，从此便成为西班牙的首都。

马德里是一座具有古老文化和悠久历史的城市，市内历史建筑遗址举目便是，名胜古迹不胜枚举，风格各异的大小凯旋门多达 1000 座，著名的宫殿、博物馆等鳞次栉比。

坐落在市区的东方之宫，始建于 1738 年，前后历时 26 年完成，其建筑之宏伟，超过英国的白金汉宫，可与法国的凡尔赛宫相媲美。东方之宫虽然屡经战乱，但未受到严重破坏，至今依然保存完好。宫内的大理石圆柱、雕塑精致的屋顶、织锦的壁毯、豪华的水晶吊灯以及收藏的 45 座外国钟表等，均属闻名于世的珍品。那些壁毯，很多都是 15 世纪人工用金线银线织成的，十分珍贵。1 个熟练的工人，每天工作 8 小时，1 年才能织成 1 平方米，一幅长约 2 米、宽 1.5 米的壁毯，1 个工人需要连续编织 20 年才能完成。如果将宫内收藏的壁毯铺在地上，足有 200 千米长，可谓价值连城。宫内的那 45 座钟表，虽然历经百年岁月，但迄今仍走时准确。

马德里市区有 300 多个广场，广场中央大都是塑像、钟楼，下面是喷泉、花圃，广场周围保留着历史建筑物或者建有现代化的商店。西班牙广场被视为马德里的象征，中央屹立着作家塞万提斯的纪念碑，他的名著《堂吉诃德》已被译成 100 多种文字，书中主人公堂吉诃德骑士及其侍从桑丘的雕像就在纪念碑底下。哥伦布广场的地下综合艺术城中，有影剧院、展览馆、图书馆、儿童乐园等设施，昼夜开放，游人如织。斗牛、斗鸡、赛马等竞赛，是西班牙人的爱好。市内的文塔斯斗牛场是西班牙最大的斗牛场，可容纳 2.5 万名观众。

马德里市内宾馆林立，饭馆遍布，为旅游业服务的商店和其他设施毗连成片。市区建有 6 个大型古董市场，每逢星期天开放，那里摆满了古画、古书、古瓷、古式家具以及其他仿古品，游客在这里可以买到价值数千甚至上万美元

的珍品，也能买到便宜的小古玩。在旧货摊上，游客可以买到各种古代式样的衣服，年代久远的靴鞋和各式各样的旧帽子等。

市内到处都是饭馆、啤酒馆和咖啡馆，服务热情周到，既可以吃到世界各地的名菜，也可以品尝西班牙各地的风味小吃。

马德里郊外有世界一流的狩猎区，游客若有兴趣可以购票进入狩猎区打红鹧鸪和野鸭。还有市郊的一些小河谷，任人垂钓。

布鲁塞尔——欧洲首都

　　布鲁塞尔是比利时王国的首都，位于塞纳河畔，北部是低平的弗兰德平原，南部是略有起伏的布拉邦特台地，平均海拔 58 米。布鲁塞尔是一座拥有上千年历史的古老城市。公元 10 世纪前这里是一片沼泽地。到了公元 977 年查理公爵选择塞纳河上圣热里岛的沼泽地带定居，并兴建要塞和码头，称为"布鲁奥克塞拉"，意为"沼泽上的住所"，后来演化成现在的名字。

　　布鲁塞尔位于西欧交通要塞，是欧洲联盟、北大西洋公约组织等国际组织的总部所在地。另有 200 多个国际行政中心及超过 1000 个官方团体也都在此设立了办事处。此外，名目繁多的国际会议也常在此召开。也因为这个原因，布鲁塞尔的居民中有 27% 是外国人，使它成为一个真正意义上的国际城市。

　　布鲁塞尔市区大致呈五角形，名胜古迹颇多，是欧洲著名的旅游胜地。它也是欧洲历史悠久的文化中心之一，世界上许多伟人，如马克思、雨果、拜伦和莫扎特等都曾在此居住过。

布鲁塞尔城区分为上城和下城，上城是依坡而建的行政区，主要名胜有路易十六式建筑风格的王宫、皇家广场、埃格蒙宫、国家宫、皇家图书馆、现代古代艺术博物馆等。下城为商业区，这里商店鳞次栉比，热闹非常。市中心的"大广场"周围屹立着许多中世纪的哥特式建筑，其中以市政厅最为壮观。附近还有历史博物馆、天鹅咖啡馆以及革命的发祥地金融街剧场等。另外，布鲁塞尔蜚声全球的"布鲁塞尔第一公民"的塑像，就矗立在大广场附近的埃杜里弗小巷中。

科尔多瓦——骡马驿站

科尔多瓦位于瓜达尔基维尔河北岸，公元前 152 年后为罗马人占领，基督教文化较为发达。

公元 711 年，阿拉伯人占领科尔多瓦城。公元 756 年，阿拉伯倭马亚王朝的后裔杜勒·拉赫曼王子在此定都，建立了白衣大食王国。该城当时以商业繁荣、文化发达著称，被誉为"世界的宝石"。科尔多瓦城进入鼎盛期后，成为伊斯兰世界中著名的大都市，与巴格达、君士坦丁堡并列为伊斯兰世界三大文化中心。

今天，从城内外数十处多姿多彩的名胜中仍可领略到当年古都的风貌。城内狭窄的街道、白色的楼房、美丽的庭院、喷泉和花卉盆景等都配合得十全十美。其中在著名的"小马广场"上，有一座建于 16 世纪的喷水池，池中央的石柱顶端有一尊翘首嘶鸣的小马塑像，神态栩栩如生。四周有宽大拱廊的科雷德拉广场享有盛名。罗马桥在科尔多瓦东南部，它把瓜达尔基维尔河和郊区连接起来，长度为 223 米，有 16 孔，横跨瓜达尔基维尔河。桥的一端，还修建了高大的桥头堡，现在是历史博物馆。桥的

下游还有几座中世纪摩尔人修建的水磨房遗迹。另外还有"基督教王国城堡""鲜花广场"和罗马式、哥特式教堂以及修道院等。

罗马桥北面的大清真寺是科尔多瓦历史区中最大、最重要的古建筑之一。它是倭马亚王朝哈里发·阿卜杜勒·拉赫曼一世决定兴建的清真寺，后经几次扩建和改建。清真寺建在罗马时代的雅奴斯神庙遗址上，西哥特时代改建为圣文森特教堂。大清真寺严格遵守了伊斯兰传统寺院的建筑特点。

科尔多瓦大清真寺是哈里发王朝繁荣昌盛的象征。寺院露天方院中，约有1/3 的面积是橘园，其东、西、北三面均是回廊。穿过天井，可以进入被称为"迷宫"的圣殿。现在圣殿内尚存850 根经过加工的科林斯式建筑的石柱，这些石柱把圣殿等分成南北 19 行，设计复杂，技艺高超。在礼拜堂内部，壁龛形成八角形的大厅，顶部有贝形圆顶，并塑有该城守护神拉斐尔的雕像及圣拉斐尔胜利纪念碑。

大清真寺内修建了一座哥特式教堂，但大清真寺仍然保留了伊斯兰建筑风貌。教堂装饰有精美雕刻和绘画的摩尔人木制藻井，顶上刻有贝壳形状的白大理石板的七角形壁龛，饰以拜占庭帝国用玉石和黄金镶嵌成的图案。

1236 年，科尔多瓦被基督教王国收复后，大清真寺被改建成天主教大教堂，其面积只比梵蒂冈圣彼得教堂略小。16 世纪，教堂内修建了高大的祭坛和十字架形的唱诗班席位，又修建了许多小礼拜堂和一座高 189 米的钟楼，代替了宣礼塔。科尔多瓦城内的大清真寺经过多次的改建和扩建，主祠被扩建，拱门、圆柱被拆除，用尖顶代替了圆顶。大清真寺现在成为南北长 180 米、东西宽 130 米的长方形建筑，为世界第三大清真寺。

维也纳——多瑙河的女神

维也纳位于阿尔卑斯山的东北麓和维也纳盆地西北部之间，维也纳是从多瑙河的南部发展起来的，现在拓展到了多瑙河的两岸，是东西向多瑙河航线和南北向琥珀之路的交叉点。

维也纳是一个温柔的城市，具有把色彩和情调、上层和下层、贵族和平民、甘美和快活整个巧妙地掺和在一起的性格，它独一无二地渲染出了维也纳人生活的悠闲、鉴赏艺术珍品和谈论生活目的的雅兴。

而对于更多的人来说，维也纳这座以音乐为灵魂的城市，空气中仿佛也有高贵出尘的气息，时刻提醒你什么才叫生活。早在罗马人为这座城市的城墙奠定了第一块基石起，就把古典文明对艺术兼容并蓄的精神融入了维也纳人的血脉，使其成为欧洲的文化中心之一。维也纳人会让你明白，行为的浪漫不过是表面上的波澜，真正的浪漫是灵魂的震撼，因为一切艺术都是灵魂浪漫的成果。

维也纳是一座古城。在遥远的古代，这里只是多瑙河的一个小村落，人口寥寥无几。公元前15年，统治了半个欧洲的罗马人将现在的奥地利地区划入了

罗马帝国的版图。为了巩固所占地，罗马殖民者建立了许多城堡作为定居点。其中一个叫维多波纳的城堡是今天维也纳的雏形。

18 世纪中叶，维也纳人迎来了玛丽亚·特雷西亚女王的统治，女王热情赞助各种艺术，尤其对音乐，经常在美泉宫里举办音乐会，上演歌剧，这个时候也出现了许多杰出的音乐家，维也纳成了一座闻名遐迩的音乐城。

漫步在维也纳的街头巷尾，即使你不懂当地语言，仍可以凭自己的理解与想象，凭借无国界的音乐沟通去欣赏艺术家的表演。

维也纳的咖啡馆与其他地方不同，欧洲人一致认为，是土耳其人让咖啡流入欧洲，但是维也纳人让品尝咖啡变成了文学，变成了艺术，变成了一种生活。

维也纳艺术史博物馆坐落在维也纳环城大街旁边，与霍夫堡皇宫相对。19 世纪下半叶，维也纳老城墙被拆除之后，就开始了博物馆的建造工作。1871 ~ 1891 年间，两座辉煌的博物馆建筑拔地而起，这就是维也纳艺术史博物馆和维也纳自然史博物馆。两座博物馆之间是为纪念奥地利唯一的女皇帝——玛丽亚·特蕾西亚而建的广场。如今，维也纳艺术史博物馆是全世界第四大艺术博物馆。这里珍藏着哈布斯堡王朝数百年来收集的欧洲珍品。卢本斯、伦勃朗、丢勒、拉菲尔、提香等著名画家的作品使这座艺术博物馆的名声倍增。

霍夫堡宫殿是位于奥地利首都维也纳的宫殿建筑。霍夫堡宫殿曾经是哈布斯堡王朝奥匈帝国皇帝的冬宫。今日的霍夫堡宫殿是奥地利的总统官邸所在地。

霍夫堡皇宫外门是弗兰茨一世皇帝时代的产物。它由彼得诺比勒设计，并完全是由士兵们动手建造的。1824 年，这座富丽堂皇的大门专门选在莱比锡大会战的纪念日落成，以此为弗兰茨皇帝败北雪耻。

穿过新霍夫堡皇宫的大门，就来到了气派非凡的英雄广场。英雄广场上的两座铜像分别纪念的是，在和土耳其人大战中战无不胜的欧根亲王和成功抵御拿破仑的卡尔大公爵。

在霍夫堡皇宫里，最值得参观的是皇帝居室。皇帝居室展览一共包括 21 间陈列室，共分三个陈列区，这就是弗兰茨·约瑟夫居室、伊丽莎白居室和亚历山大居室。弗兰茨·约瑟夫居室包括皇帝的朝见大厅、会议室、办公室、宴会厅。弗兰茨·约瑟夫一世的卧室非常简单，一张铁床和最简陋的盥洗用具勾勒出了这位在位时间最长的皇帝的生活。与其正好相反的是他的妻子伊丽莎白的居室。在这里，我们可以见到大理石的小圣坛、路易十四的家具、名画家的作品。在一间化妆室内，伊丽莎白还让人支起了攀登架，安装了吊环，专门用来锻炼身体。亚历山大居室是根据俄国沙皇的名字命名的。在维也纳会议期间，这里是他的居室。如今，这里记载了哈布斯堡帝国的末日。我们可以看到因为爱情而自杀的皇储鲁道夫的画像、在萨拉热窝遇刺的皇储费迪南的画像和末代皇帝卡尔一世的画像。

史蒂芬大教堂是维也纳市的标志，也是全世界最著名的哥特式教堂之一。大教堂内有 1467～1513 年间由尼可拉斯·格哈德·凡·莱登设计建造的国王弗里德里希的红色大理石墓碑。教堂内北侧厅是安顿·皮尔格拉姆设计的布道坛和管风琴脚。每一个走进教堂的人，都会为其建筑的浩繁和精美所折服。两排哥特式的柱子，把教堂的正殿隔成三部分。放眼望去，从圣坛背后的两块免遭摧残的玻璃窗画射进了一缕缕五彩缤纷的光线，为巴洛克的圣坛增添了一丝神秘的气氛。

在史蒂芬大教堂塔楼上有一个重达 20 吨的铜钟。在每年新年到来的那一时刻，成千上万的维也纳人在史蒂芬教堂前的广场上聆听着钟声，相互庆贺新年。除此之外，史蒂芬大教堂还有一个庞大的地下墓穴，这里存放了成千上万个男人的尸骨，甚至哈布斯堡王朝的成员还把自己的内脏放置在此。

史蒂芬大教堂曾经历过严重的破坏，在第二次世界大战临近结束的时候，教堂遭受炮火袭击而起火，教堂的屋顶、铜钟、管风琴和大部分玻璃窗画毁于一旦。庆幸的是战后的奥地利立刻开始了修复家园的工作，而大教堂是由 9 个联邦州负责修复的，这样团结的画面也早已被传为佳话。

莫斯科——没有眼泪的孩子

　　莫斯科位于奥卡河和伏尔加河之间，南部与图拉州接壤，西南部与卡卢加州为邻，西部与斯摩棱斯克州毗邻，西北和西部与特维尔州为邻，东北部与雅罗斯拉夫尔州接壤，北部和东北部与弗拉基米尔州为邻，东南部与梁赞州交界。

　　莫斯科不相信眼泪，也不相信命运，因为这里的土地孕育了一个刚毅不屈的民族。莫斯科在灰烬中又复活了，并且是随着俄罗斯大地一起复活的。

　　《莫斯科郊外的晚上》的悠悠旋律，高尔基的《童年》，果戈理笔下的《钦差大臣》让我们认识了解了莫斯科。它一直以清新亮丽的北国风光、典雅大方的建筑风格和异常浓郁的人文历史气息屹立于世界城市之林。莫斯科的历史有900多年，是世界上最壮观而古老的城市之一。它齐集了除圣彼得堡以外的所有精华。

　　莫斯科是几个世纪的历史浓缩成的一座丰碑，是一座激动人心的纪念塔，又是一座艺术的殿堂，美丽的花园。莫斯科不是世界上成千上万座大城市中的普通一员，不是冰冷无语的石头堆砌而成的对称长街，它有自己的灵魂，有自己的生命。

作为历史名城的莫斯科，其古典韵味和历史文化气息处处可见。美丽的红场和宏伟的克里姆林宫是莫斯科的标志性建筑，也见证了这座城市的百年历史，吸引了来自世界各地的游客。这里还有气势磅礴的胜利广场，金碧辉煌的凯旋门，以及那些遍布全城的巴洛克风格的建筑和拜占庭风格的教堂。这些都汇聚了俄罗斯的精华，你认识了莫斯科，就认识了俄罗斯。

克里姆林宫位于俄罗斯的莫斯科市中心，是俄罗斯的标志之一。克里姆林宫周围是红场和教堂广场等一组规模宏大、设计精美巧妙的建筑群。宫内保存有俄国铸造艺术的杰作：重达40吨的"炮王"和200吨的"钟王"。克里姆林宫由此成为俄罗斯备受珍视的文化遗产。克里姆林宫是权力的象征，俄罗斯谚语这样形容雄伟庄严的克里姆林宫："莫斯科大地上，唯见克里姆林宫高耸；克里姆林宫上，唯见遥遥苍穹。"克里姆林宫是俄罗斯世俗和宗教的文化遗产，它既是政治中心，又是14～17世纪俄罗斯东正教的活动中心。这里过去是统治俄国的多代君王的皇宫，十月革命后是苏联最高权力机关和政府的所在地，今天又是俄罗斯的总统府。可以说，从13世纪起，克里姆林宫就与俄罗斯的所有重大政治事件有关，它见证了俄罗斯从一个莫斯科大公国发展至今日横跨欧亚大陆的强大国家的全部历史。

红场是俄罗斯首都莫斯科的著名广场，位于莫斯科市中心，西南与克里姆林宫相毗连。原是前苏联重要节日举行群众集会和阅兵的地方。建于15世纪末，17世纪后半期改为现在的名。红场的西侧是克里姆林宫，北面为国家历史博物馆，东侧为百货大楼，南部为瓦西里教堂，临莫斯科河，列宁陵墓位于靠宫墙一面的中部，墓上为检阅台，两旁为观礼台。

红场的地面很独特，全部由条石铺成，在红场的西侧是列宁墓和克里姆林宫的红墙及三座高塔，在列宁墓与克里姆林宫红墙之间，有12块墓碑，包括斯大林、勃列日涅夫、安德罗波夫、契尔年科、捷尔任斯基等前苏联政治家的墓碑。红场南边是莫斯科最经典象征的瓦西里大教堂；北侧的国家历史博物馆，建于1873年，也是莫斯科的标志性建筑。

莫斯科凯旋门坐落在莫斯科城西的大街中央，它建于 1829 年，历时 5 年建造完成。它与法国的凯旋门还有一些渊源，这两座凯旋门几乎一模一样，只是莫斯科的凯旋门体积略微小些，而且两个凯旋门是因为同一场战争而建造的。

莫斯科的凯旋门高 28 米，是按照古罗马康斯坦丁凯旋门样式建造的。门的基座上共竖立着 6 组 12 根用生铁铸成的圆柱，每根高 12 米、重 16 吨。圆柱之间有手持盾牌和长矛的勇士，勇士头顶的墙壁刻有浮雕，浮雕反映的是俄军同法军作战的场面。凯旋门顶部安放着 6 匹背生双翅的马拉着的凯旋车，车里坐着胜利女神，她的右手高举着月桂花环，面向城市入口处。门柱之间，立有四尊身披盔甲、手执盾枪的俄军士兵，他们手指上刻着"驱逐法兰西，解放莫斯科"，门楣上饰有抗击拿破仑军队的 44 个俄罗斯城市的城标。除此之外，整个凯旋门用白石贴面，在黑色圆柱的映衬下格外醒目。凯旋门巍峨壮观，它记载着历史的辉煌。也目睹了城市 180 多年的沧桑变迁，有着厚重的历史感，令人仰慕。

莫斯科的秋天，天空没有阳光，忧伤的云朵淡淡地笼罩着，给整个城市带来忧郁的气质，这时你会感觉它就那么沉默地看着你，天生威严、忧伤的眼神，让你不敢放纵和轻浮，让你心生怜悯。

如果说《天鹅湖》经典，那么一个民族呢，能够诞生《天鹅湖》的民族该是怎样的经典呢？我不想去探究答案，当我望着莫斯科天空下的一座座挺拔庄严的建筑时，我没有看到眼泪。满街的鸽子没有慌张，鲜花仍灿烂地开放着。

魅力名城古镇——非洲篇

非斯——伊斯兰圣城

　　非斯是摩洛哥的一座历史古城，位于国境北部非斯省，坐落在中阿特拉斯山北麓海拔 410 米的高地上，为摩洛哥国土上最早建立的阿拉伯城市，已有 2800 多年的历史，被视为伊斯兰教圣地之一。

　　非斯城始建于公元前 808 年，摩洛哥第一个王朝国王伊德里斯二世，他也是伊斯兰教创始人穆罕默德的曾孙，于公元 8 世纪在汪达尔人毁坏的城址上重新修建。之后，处在从地中海到非洲、从马格里布东部到大西洋的交通要道交汇点上的非斯便茁壮成长起来了。公元 9 世纪，被伍麦叶人从科尔多瓦驱赶出来的安达卢西亚人在非斯河谷右岸定居下来，从突尼斯凯鲁万来的移民则在左岸安了家。1069 年，这两个社区合二为一，由此组成了非斯城。非斯城在 14 世纪和 17 世纪达到鼎盛时期。1912 年，当法国统治者把首都改建到拉巴特后，它的政治地位逐渐衰落。

　　非斯这个名称是由"法斯"演变来的。在阿拉伯语里，"法斯"意为"金色的斧子"，据说伊德里斯二世当年主持该城破土奠基时，在面向麦加圣城的方向发现一把金色的巨斧，伊德里斯二世感到这是吉祥的征兆，当即给城市定名为"法斯",后来"法斯"变成了"非斯",并一直沿用到今天。当城市建成后,伊德里斯二世将它定为摩洛哥的第一个伊斯兰王朝——伊德里斯王朝的都城。在阿拉伯语里,"法斯"还有"肥美的土地"和"鹤嘴锄"的意思。由于非斯城建在一个不大的山谷里,郊外丘陵环绕,山坡上橄榄树郁郁葱葱,越过丘陵便是一望无际的大平原,小河、沟渠纵横,流水淙淙,气候宜人,植被茂盛,终年常青,物产丰富,故有"肥美的土地"之称。关于"鹤嘴锄"的来历是这样的:有一天,伊德里斯二世拿出一把似鹤嘴的锄,让手下的人传看,因当地人从未见过这种锄,感到非常惊奇。伊德里斯二世命人用此锄翻一下地,以考察此锄是否有用,手下的人一试,发现这种锄翻地又快又好,连声称赞。后来,此锄传到民间,很快被人们采用。为了纪念这一有意义的发现,便将伊德里斯二世居住的城市称为"法斯",即今天的"非斯"。

非斯城素以精湛的伊斯兰建筑艺术著称于世界。城区的建筑风格、居民的风俗习惯和生活方式仍表现出浓厚的中世纪风貌。古城里的历史古迹到处都是,而且这些古迹都保护和维修得很好。其他反映伊斯兰建筑艺术特色的古城堡、宫殿、博物馆等亦比比皆是。另外,非斯城的创建者伊德里斯二世国王的陵墓,也对来自世界各地的游客具有极大的吸引力。非斯城内处处可见泉水,这些泉水被视为"圣水"。

行走在非斯老城,宛如时光倒流数百上千年。工匠铺奏着旧时的音乐,空气中弥漫着古老的气息。迷宫般的小巷里,满载货物的小毛驴与游人擦身而过。这里灰褐色和淡黄色的房屋鳞次栉比,从费兹河两岸向上伸展到平缓的山坡上,并有300多座清真寺塔点缀其间,这里除了自然的造化,还融汇了人类杰出的智慧和令人瞠目的财富。它那华美的宫殿、庄严的清真寺、曲折幽深的街道,让人感到这分明是进入了《天方夜谭》的城市。

金沙萨——黑非洲花城

在刚果河下游，西距大西洋 500 千米处的东西两岸，分别坐落着刚果民主共和国首都金沙萨和刚果人民共和国首都布拉柴维尔。

金沙萨是一座美丽的花园城市，地处高温多雨的热带，花草树木终年郁郁葱葱，整个市区风景优美，气候宜人。高大的椰子树、棕榈树、芒果树、猴面包树以及各种花草到处繁茂生长，环城的山丘上绿草如茵，各式建筑掩映在终年长绿的树丛当中。佳木葱茏，百卉争妍，呈现一派迷人的热带色彩，不愧为"黑非洲花城"。曲折蜿蜒的刚果河在城市的西侧缓缓流过，仿佛向人们诉说着饱经时代沧桑的城市历史。

刚果拥有丰富的矿物资源，素有"世界原料仓库""中非宝石""非洲矿都"之称。走进市东南部的国际展览中心，人们可以看到展出的各种矿物标本和图表。在这里人们会发现，刚果的钴、钽和锗的产量均居世界首位，锰、铜、锡、镉、锌等稀有矿产也名列世界前茅。其金刚石和钴的储量和产量在近几十年一直居全球之冠。金沙萨也是全国最大的经济中心，原来的工业主要以矿业为主，现在逐步扩展到各种轻工业，金融业和商业也发展很快。

金沙萨是一座美丽的花园城市，茂密高大的凤凰树和芙蓉树组成了花木胜境，高大的建筑群从翡翠似的树海中拔地而起。以独立日命名的宽阔平坦的"630"大街，又叫独立日大街，是刚果独立的象征，也是最繁华的街道。街道两旁，高楼林立，政府机关、旅馆、高级商店鳞次栉比。标志国家财富、高达 22 层的刚果国际贸易中心大厦，象征国家权力的国家议会大楼，流线型的刚果银行大厦并列矗立在刚果河畔。总统府和国防部大楼坐落在恩加利埃马山上。

市区内规模较大的动植物园，更是游人喜爱光临的地方。这里驯养着来自刚果全国各地的各种珍贵的野生飞禽走兽，如孔雀、大象、羚羊、猩猩、河马、长颈鹿等。很多在非洲濒于绝迹的动植物在这儿都得以生养繁殖。

梅克内斯——雄伟的军事名城

梅克内斯是一座很美丽的城市。游历了梅克内斯的人，仿佛在时间的长河中周游一番后刚刚苏醒，但是城中铁匠的娴熟技艺、商贩的机智、木雕艺人的

绝活、露天市场的喧闹，这些记忆他们永远忘不了。梅克内斯城建于 11 世纪，是摩洛哥王国皇城之一，在中阿特拉斯山脉的北坡。1672 年由阿拉维王朝的第一位君主穆拉伊·伊斯梅尔定为国都。传说这位君主爱马，王宫里养了 500 匹骏马，他每天去马厩里巡视，并精心设计和建造了大型的马厩。在王宫附近还建造了一座规模宏大的粮仓。马厩和粮仓至今保存完好。

梅克内斯是一个雄伟的西班牙—摩尔风格的地方，四周有高墙和巨门。今天看来，这是一个 17 世纪马格里布时期的伊斯兰和欧洲风格的和谐统一体。

如果没有民间的能工巧匠，摩洛哥的传统建筑是不可想象的。这些能工巧匠是石头、大理石、树木或石膏的雕刻能手，是压模工和陶瓷马赛克的铺设能手。清真寺、商铺或贵族的宫殿——所有的建筑都以其美妙的、难以言表的建筑装饰让人们惊奇。

在梅克内斯，除了巨大的纪念建筑之外，如达尔马克赫宰王宫、西迪清真寺、穆拉伊·伊斯梅尔陵墓等，你还能欣赏阿哥达勒谷地的美丽景色。离梅克内斯很近的罗马古城沃吕比利斯给游人的款待令人难忘。这座古代堡垒周围长 2.5 千米，有 6 个城门。

梅克内斯王宫由众多圆拱组成，门窗形如中国陕北的窑洞，却装饰着极为精细的石刻。阳光从圆拱射入房中，在地面上留下耀眼的光斑。宫殿里面很安静，偶尔有白衣白帽的阿拉伯人走过，表情安静庄严。惶惑间，仿佛时间流转千年，这白衣白帽使者正要带我们去朝见帝王。无数的柱石屹立在一片绿色的背景上，金色的城墙反射着太阳的温暖。骑着骏马走进堂皇的巴博·曼苏尔城门，也走进了摩利·伊兹麦尔的帝国梦想。

尽管古城的历史引来了建筑师、设计师和艺术家，历经多少世纪沧桑之后，梅克内斯和周围的环境依然不变。日落时分，西天的余晖在城墙反照下映得皇城通红一片。你可在水草丰茂的花园间小憩，也可以驻足于第一个阿拉伯王朝创建者的坟旁，或是穿行在罗马古城沃吕比利斯的废墟间，让自己完全沉浸在穆拉伊·伊德里斯的历史之中。

底比斯——百门之都

　　尼罗河上曾经雄踞着一座当时世界上无与伦比的都城，这就是被古希腊大诗人荷马称为"百门之都"的底比斯。底比斯古城及其墓地是埃及的著名古迹，位于埃及的卢克索至卡纳克一带，跨尼罗河中游两岸，为古埃及的中王国与新王国（第十九王朝至第二十五王朝）时代首都。古城面积约 15.5 平方千米，东岸有卡纳克神庙和卢克索神庙，西岸为王室陵墓所在地——帝王谷和王后谷。

　　底比斯最著名的古埃及建筑是卡纳克神庙，它由蒙特神庙、阿蒙大神庙和赖特神庙三组建筑物组成，均有砖墙环绕。阿蒙大神庙始建于公元前 1870 年，其后十多个王朝对其加以扩建，是古埃及法老献给太阳神、自然神和月亮神的庙宇。其全部用巨石建造，是世界上现存的规模最大的古庙宇。

卡纳克神庙的大柱厅素有"艺术世界奇观"之称。此庙大厅建于两代国王统治时期，即公元前 1302 至公元前 1290 年第十九王朝西提国王时期和公元前 1290 至前 1224 年拉美西斯二世执政时期。厅壁上刻有许多奇妙的浮雕和铭文，记载了国王与诸神之间的关系。

走进神庙的小厅，可看到两块方尖碑，这是为纪念哈特谢普苏特女王而建的。哈特谢普苏特是埃及历史上一位著名的女王，是图特莫斯二世国王的王后，国王驾崩后，她于公元前 1486 至公元前 1468 年执政。

神庙中的圣殿由花岗岩建成，分里外两间。里面一间是专为存放圣船用的，墙壁上的浮雕描绘了当年圣船出发的盛况。神庙的大庭院建于公元前 945 年，是埃及最大的神庙院，占地面积达 7989.7 平方米。庭院的左边有西提二世庙，右边为拉美西斯二世修建的阿蒙神庙，中间有一石柱厅，高达 21 米的大石柱耸然矗立。

神庙除有雄伟的建筑外，还有许多妙趣横生的浮雕和彩绘。选用题材很广泛，从不同角度反映了埃及古代社会的生活。其中有国王、贵族祭祀活动的盛大场面，也有农夫、船匠生产劳动的情景，有些彩绘和浮雕逼真地刻画出顽皮的儿童和爬动的虫兽的形象，充满了浓郁的生活气息。

卢克索神庙建于公元前 14 世纪，是献给阿蒙神的，神庙原长 190 多米，宽约 50 米，里面包括庭院、大柱厅和诸神殿等部分。神庙最南端是一座圣殿，残存的遗迹中有一幅浮雕，描绘了阿门诺菲斯三世法老由神引导步入圣殿的情景。

中央大厅东面是一个小型礼拜堂，四周石壁上的雕刻描绘了特伊亚女王和阿蒙太阳神象征性结婚，以及他们在女神帮助下，降生王子时的情景。庭院四周三面建有双排雅致的似纸草捆扎状的石柱，柱顶呈伞形花序状，十分优美。神庙墙上的浮雕生动地描述了拉美西斯二世执政初期与赫梯人作战的情景。左右两边的浮雕构成一幅完整的组织画。左边的画面描绘了当时的军营生活、战前召开军事会议及法老御驾亲征、在战车上指挥战斗的情况。右边的画面栩栩如生地描绘了拉美西斯二世向敌人发动进攻，弯弓射箭的动作及赫梯人溃逃的情景。在拉美西斯庭院里，石柱中间有一尊拉美西斯二世的石雕像，旁边的石

壁上雕刻着浮雕和文字，叙述了当年这里举行庆典仪式的情形。

　　在尼罗河西岸，有古埃及王朝的王室陵墓。在沿尼罗河谷地边缘山崖长达数十千米的地带，散落着数以千百计的古墓。在山崖与河岸之间是各代法老建造的祭庙。位于山崖背后的一个荒凉的山谷里有安放法老木乃伊的秘密墓室，因为共计有新王国的 62 位法老长眠于此，故称为"帝王谷"。从"帝王谷"往东几千米是第十八王朝著名女王哈特谢普苏特在位时兴建的葬仪殿。其以阶梯式庙宇、希腊式廊柱和独具特色的岩雕而蜚声世界。虽经历 3000 多年，大殿上的浮雕依然保存完整。

卡诺——沙漠中的港口

卡诺位于尼日利亚的北部，撒哈拉大沙漠西南边缘，为卡诺州首府。卡诺是尼日利亚的一座历史古城，是豪萨古文化的发源地，所以这里的居民主要是豪萨人。卡诺原是西非穿越撒哈拉沙漠同北非、东非进行骆驼商队贸易的交通要塞，素有"沙漠港口"之称。市区名胜古迹众多，气候凉爽宜人，花木争艳，每逢旱季时期，游客纷纷来此避暑游览。

卡诺是一座历史悠久的古城。不单是在尼日利亚，就是在西非乃至整个非洲大陆，卡诺也是一座著名的古城。早在 1095 年至 1134 年，豪萨人在尼日利亚北部建立了 7 个城邦王国，卡诺就成为其中最著名的卡诺王国的首邑。当年率众建城、功垂青史的阿布加亚瓦族的首领名叫卡诺，所以城市也取名于此。

14 世纪、15 世纪是卡诺发展的一个非常重要的时期，卡诺很快成为豪萨地区贸易和文化交流中心。15 世纪后半叶，卡诺成为西非至尼罗河流域间最重要的商业和手工业中心。伊斯兰教的传播对卡诺产生了深远影响，它促使城邦政权集中，传统地方势力被削弱。16 世纪以后是卡诺历史上一段动荡不安的时期。卡诺同卡齐纳、朱昆、博尔努的关系紧张，卡诺城也遭受了好几次进攻。卡诺国王们认识到"五大卡诺"对卡诺城安全的重要性，纷纷在卡诺城周围的交通要道或战略要塞建立了一些小城镇。这些城镇虽较分散，且非经济中心，但在一定程度上促进了卡诺城周围农村地区的一体化，而其经济成效直到 19 世纪才显现出来。

今天的卡诺城是尼日利亚卡诺州首府，工业很发达，拥有纺织、皮革、榨油（花生油）、罐头食品、卷烟、汽车装配、制鞋等工业。商贸活跃，以牲畜、

145

皮毛、皮革制品、陶器、手工业品、柯拉果等贸易最盛。卡诺还是西非现代化的陆空交通枢纽，现代化公路自市中心向四面辐射展开，密如蛛网；铁路通向拉各斯和哈尔科特港；现代化的大型国际机场，飞机频繁起落，东到卡拉奇，西去纽约，北往罗马、伦敦，均有直达航线。

坐落在旧城中央位置的埃米尔王宫，占地广阔，建筑宏伟，外观朴实，内部豪华，是卡诺最著名的古建筑。每逢伊斯兰教重大节日，埃米尔身着色彩缤纷的民族服装，由马队和持古代兵器的卫士簇拥出席集会或游行，阵容庞大，威风凛凛，浩浩荡荡，引得万众瞩目。

中央清真寺塔尖高耸，寺内祈祷大厅宽敞华丽，寺前广场面积很大，整个建筑为深黄色，寺内寺外可同时容纳十几万人做礼拜，是老城区最巍峨堂皇的建筑。

卡诺城里还有非洲最古老的市场——库米尔市场。从16世纪开始，这里是当时大西洋到尼罗河之间最重要的商贸场所之一，每天不知道有多少骆驼商队从此处进出撒哈拉沙漠，上演了多少惊心动魄的故事。

与人们想象中黄沙满天的非洲城市不同，卡诺新城树木葱郁，花草遍地，每个街心公园中央都竖立着一座构思独到、寓意深刻的雕塑，和谐美观的城市布局，给人以繁华、大方、清新、幽雅之感。卡诺不愧为一座古代文明与现代风貌相结合的城市。

卡诺就是这样一座别具风采的非洲城市，既可以看到起伏不平的沙海奇观，也可以遇见在市区内阔步行走的骆驼，还可以看到戴着面纱的阿拉伯女性，更可以看到万人祈祷的壮观场面……这就是被称为"沙漠港口"的卡诺城，一座散发着历史和现代双重光芒的文明古城。

贡德尔——古堡之城

贡德尔位于埃塞俄比亚贡德尔地区，在西北部高原上的塔纳湖北，向北则是通往历史古都阿克苏姆的要塞之地，海拔为2225米。贡德尔旧译"冈达尔"，是埃塞俄比亚的旧都和著名的历史文化古城，17~19世纪曾为阿比西尼亚帝国都城。

最初，贡德尔只是一处名不见经传的小村落。17世纪，埃塞俄比亚皇帝（1632~1665年）法西利达斯将国都迁到这里，后来，贡德尔便逐渐发展扩大成为城市。直到1868年，这里一直是埃塞俄比亚的首都所在地。

17~19世纪，贡德尔是埃塞俄比亚的宗教和艺术中心，城内有古代的宫殿建筑群，保存着许多座古代拱桥以及雕刻精美、装饰丰富多彩的多层塔、城堡、皇宫、教堂等，是埃塞俄比亚珍贵的历史文化遗产。

城内的古宫殿建筑群是古代阿克苏姆王国的传统的体现，同时也反映了与近代阿拉伯建筑风格的完美融合。而在这些建筑群中，位于古城南端的法西尔格比要塞城堡堪称最大并且是最美的古堡，城堡由900米城墙环绕，曾经是几

代皇帝们的宅邸。这个城堡是由法西利达斯皇帝建造起来的，从堡的顶部，人们便可以纵观古城的壮丽风景，碧蓝的纳塔湖和岛上著名的修道院都可以尽收眼底。

贡德尔城内共有教堂44座，教堂中布满了色彩艳丽多姿、以描述圣经故事为主题的壁画以及祭服、鼓和其他金银制品的祭祀用品，其中由法西利达斯国王的孙子于17世纪修建的德布雷·贝尔汉·塞拉西教堂尤为华丽。他们在许多方面都体现了埃塞俄比亚传统的建筑工艺。这些建筑有明显受印度和阿拉伯影响的痕迹。而后耶稣会传教士把巴洛克式的艺术风格带入了贡德尔，改变了它原有的风貌。古城北面的山上同样风景秀丽，令人赏心悦目。

贝宁城——非洲文明的发源地

　　贝宁城是尼日利亚的历史名城，位于国境西南部，坐落在尼日尔河三角洲西端，西距全国最大的城市拉各斯 240 千米。

　　贝宁古王国是非洲黑人文明的发源地之一，始建于公元 10 世纪，曾经兴盛一时，存在时间长达 800 年，在非洲乃至人类文明史上占有重要地位。在世界各地的博物馆里，人们可以看到各种各样贝宁古王国的文物。在尼日利亚国家博物馆，那里的一座青铜雕像我想会给很多人留下很深刻的印象：在高贵的国王身旁，居然有一个西方人模样的雕像，而他的身份是奴隶。能使唤洋奴的国王何其了得！虽然年岁久远，无法考证这个西方人是如何混进王宫的，但这个雕像从一个侧面说明了贝宁古王国当年的强盛。

　　贝宁城内名胜古迹众多，最著名的是古老的贝宁王宫。贝宁王宫又称奥巴宫，始建于公元 10 世纪左右，迄今保存完好。贝宁宫建筑风格独特，高大的宫殿和众多的宝塔组成和谐的建筑群体。宫殿大厅的梁柱和回廊上装饰有青铜雕像和浮雕，其内容多描述战争场面和狩猎情景。宫内还有圣殿和神龛等。

　　贝宁城是王国的都城，也是善于铸造铜器和制造木器的城市。贝宁王国的美术，突出表现在雕刻方面。贝宁雕刻是世界艺术中的典范之一，完全可与希

腊、罗马的雕刻媲美。早在 1280 年，为了帮助贝宁用青铜铸造雕刻品，伊费国王派铸工专门传授这种技术。贝宁王国从伊费获得铸造术之后，在贝宁城建立起青铜铸造作坊。伊费雕刻对贝宁的影响颇大，甚至有些作品好像是直接模拟的。13 世纪以后，贝宁匠师传承伊费衣钵，雕刻技艺很快超过了伊费，并做出了独特的创新。

雕像作品大多数是表现国王、王后、太子、显贵、猎人、乐师和传教士的，还有表现历史人物，或为神造像的。贝宁的青铜动物雕刻十分出色，其题材有豹、鳄、鸡、蛇、鸟、鱼、虫等。贝宁雕刻家在创作动物形象时，有时竭力准确地表达可视的形体，有时则绝妙地塑造动物的特征。

贝宁青铜雕刻的发展，对尼日利亚艺术有着很大影响。当时，贝宁的青铜圆雕和浮雕，在铸造的技术上和雕刻的技巧上，已经超过同时期的欧洲雕刻水平。

在贝宁，你会感受到非洲沙漠与热带原始森林中独立衍生出的文化艺术，这是一种不受干扰的纯粹的黑非洲艺术。

苏塞——童话中的小城堡

苏塞老城已经有近 3000 年的历史。早在公元前 9 世纪，腓尼基人开始在这里定居，并将它发展成一个重要的贸易中转站。罗马帝国时期，这里被罗马人统治，大量的新移民涌入苏塞，埃尔杰姆斗兽场就建造在这个时期。现在还可以看见那庞大而古老的竞技场里的身影，幽幽地诉说着如烟的往事。

苏塞老城位于突尼斯东部的地中海沿岸。这里有"金粉"美誉的细软沙滩和常年明媚的阳光，特别是到了炎热的夏季，世界各地的游客蜂拥而至，苏塞街头随处可见载歌载舞的热闹人群，各种节奏和色彩融合在一起，苏塞早已成为欧洲人休闲度假的首选，被誉为"地中海的花园港"。

蓝、白、黄是苏塞老城的颜色。湛蓝的天空，碧蓝的海水，白色的阳光，金粉般的海滩，泥砖建造的古建筑……大自然是如此厚爱它，为它创作了如此和谐美妙的绚烂画卷。苏塞人的建筑也大都采取这三种颜色，远远望去，人造景观与自然景观合而为一，美不胜收。

苏塞的博物馆里藏有突尼斯民族艺术的骄傲——镶嵌画，年代最久的作品可以追溯到公元前 15 世纪。几千年来，苏塞地区以其高超的镶嵌工艺品而闻名于世，人性化的希腊诸神、罗马人奢靡的生活和普通百姓的日常生活场景都是镶嵌画表现的主题。

与典型的阿拉伯老城形成鲜明对比的是苏塞北部新建的一座现代化城市。山坡之上，椰枣丛中，层层叠叠地排列着白墙蓝窗的阿拉伯小楼，伴着远处的滔滔海浪，真是一幅美不胜收的异域风景画。

马拉喀什——美丽红城

马拉喀什是一座具有悠久历史的古城，始建于1071年，并于1072年成为阿里莫拉维德王朝的首都。马拉喀什老城的城墙修筑于1126~1127年，长达10千米。

在中世纪，马拉喀什曾两度作为柏柏尔王朝的都城。由尤素福·本·塔士芬建立的王朝以及穆明建立的穆瓦希德王朝都在这里建都。这两个王朝留下的许多名胜古迹至今犹存，最著名的是库图比亚塔。这座塔矗天而立，高70米，全部用石头砌成。其工艺之高超，气势之雄伟，令人惊叹，堪称马拉喀什一景。

20世纪以来，马拉喀什有了很大发展。它实际上已成为摩洛哥的第二首都，政府各部门都派有相应的机构在这里办公。

马拉喀什王宫金碧辉煌。宫内一部分古典建筑高大古朴，体现了摩洛哥传统的建筑风格；另一部分现代化建筑拔地而起，造型优美，色彩鲜艳，看上去新颖别致。宾客入宫的仪式完全是传统的古典仪式，连仪仗队的装束也是传统的民族服装。仪仗队员个个都是身材魁梧，骑着高大的骏马雄赳赳地伴随贵宾到大殿前。

马拉喀什以其独特的丽质吸引着国内外大批游客。很多国际知名人士，如美国的罗斯福总统、英国的丘吉尔首相、法国的戴高乐总统，以及卓别林等著名艺术家都曾光临过这里。丘吉尔曾在这里度过一个冬天。在英国丘吉尔博物馆里，至今还陈列着他在马拉喀什完成的绘画作品。

在马拉喀什，无论你走哪条道路，最后都会到达菲纳广场，这是马拉喀什最热闹的地方。每当午后，人们从四面八方汇集到这里，歌手、舞者、杂耍艺人和讲故事的，一时间，广场上人声鼎沸。黄昏来临以后，空气中渐渐弥漫起浓烈的烤羊肉和烙面饼的香味。头缠白布、身穿长袍的阿拉伯人和各国游客一起挤在烤肉摊前和露天饭铺进食。这时的菲纳广场人山人海，熙熙攘攘，热闹非凡。民间艺人们有的讲故事，有的演杂技，有的习武练艺，有的耍猴舞蛇，有的引吭高歌，有的翩翩起舞。他们娴熟的技巧和优雅的舞姿吸引着来自世界各地的游人，博得阵阵掌声和欢呼声。"毛驴烟"是这里的一绝。训练有素的毛驴倒在地上，嘴里叼着烟斗，鼻子一掀一掀地猛吸，于是，嘴和鼻子里就冒出了白烟，惹得人们捧腹大笑。节目主持人的高超技艺尤其令人赞叹，他在一片嘈杂声中穿过人群，登上戏台，将手鼓敲几下，把观众的注意力先吸引过来，然后从口袋里掏出一支笛子，吹几支曲子。等把大家的注意力完全吸引过来时，他便高声朗读一段《古兰经》，继而即席赋诗，绘声绘色地讲述《古兰经》的故事。

马拉喀什城区东部的阿盖达尔橄榄园是马拉喀什众多园林中最大的一座。阿特拉斯山上融化的雪水为它提供了充沛的水源。园内橄榄树茂密葱郁，青青的橄榄密密地结在枝叶中。园中还有小型的柑橘园和杏林。走在阿特拉斯山间，只见峰顶银光闪闪，山间林木苍郁，山脚绿野无际，无数小野花开在水边、树旁、草毯上。流水在阿特拉斯山间奔走，从断崖跌下，抛出一条条银链，浇灌着这片沙漠前的绿洲。

突尼斯——开在撒哈拉上的白莲花

在碧波万顷的地中海南岸，北非最突出的部位，有一座迷人的白莲花般的城市。

在这里，无论是现代化的摩天大楼，还是具有浓郁阿拉伯色彩的清真寺，一律都披满乳白色的素装，犹如撒在海滩上的白色贝壳，这就是被旅游者称为"流连忘返的乐园"的突尼斯市。阿拉伯人喜爱白色，认为白色象征着洁白无瑕的心灵，就连他们身穿的阿拉伯长袍也多为白色。

突尼斯境内原是当地土著柏柏尔人的生息之地。传说公元前9世纪，地中海东岸腓尼基人在北非建立的推罗王国发生内乱，公主出逃在海上漂泊了几天，至突尼斯的地方登陆。公主向柏柏尔人部落首领请求借一块牛皮之地安身，部落首领慷慨允诺。聪明的公主把牛皮剪成一条条细细的皮丝，然后连接起来，在山丘上围起一块土地，建成一座城市，取名迦太基，后陆续发展，成为地中海南岸一个非常强大的帝国。自公元前264年起，迦太基王国与罗马帝国因争夺地中海霸主地位爆发了三次"布匿战争"。公元前146年迦太基王国战败，国都突尼斯被焚毁。公元698年，倭马亚王朝在突尼斯大兴土木，建立新城，并建设港口、船坞，迦太基居民又迁回来居住。在罗马奥古斯都统治时期，突尼斯再度繁荣。16世纪末，哈夫斯王朝正式定都突尼斯，并兴建宏伟的宫殿、大型水渠工程以及阿拉伯市场，大力发展文化艺术事业，使突尼斯城成为当时马格里布地区的文化中心。1837年法国殖民者占领这里。1881年法国政府宣布对突尼斯的占有权。二战以后的1956年突尼斯取得独立，回到突尼斯人民的怀抱。同许多城市一样，突尼斯是一座旧城与新城合璧的城市。由于历史原因，这座城市的建筑不仅具有独特的阿拉伯风格，又闪烁着古罗马色彩，还混合有土耳其奥斯曼帝国的遗风，同时也不乏欧洲现代化的气息。

突尼斯西北郊巴尔杜广场上坐落着巴尔杜国家博物馆，它是北非最重要的一座考古与文物博物馆，在整个非洲，它的规模仅次于埃及的开罗博物馆。它以自己所珍藏的极其丰富和瑰丽多彩的镶嵌画而闻名世界。

突尼斯市旧城麦地纳的中心坐落着宰图纳大清真寺又称图纳大清真寺，面积5000平方米，始建于公元732年。曾是全国的政治、宗教和教育中心，也是阿拉伯最早、最高的宗教学府之一。每年都会吸引无数来自突尼斯国内各地、马格里布地区和西班牙的学生来此求学。

清真寺的诵经大厅内有184根石柱，这些石柱都是从迦太基遗址上拆迁后运来的。另外清真寺内有15个中殿，能容纳2000人同时祈祷，此外还有一座高达44米的宣礼塔。

现在，清真寺仍旧是举行盛大宗教仪式的地方。每年斋月，总统、总理、议长、党政高级官员和宗教长们均来此参加祈祷仪式。

坎帕拉——明珠中的明珠

　　乌干达的首都，乌干达最大的城市坎帕拉，位于国境的中南部高地上，坐落在维多利亚湖北岸，城区距湖岸仅 11 千米，全城建在 7 个山头上，海拔 1190 米，面积约 200 平方千米。坎帕拉虽然临近赤道，但气候并不炎热。维多利亚湖碧波荡漾，岸边棕榈摇曳。城区建筑宏伟，街道宽阔，树木葱郁，鲜花常开，景色秀丽。坎帕拉被称为乌干达的缩影，乌干达因是"东非高原水乡"而被人们称为"非洲的明珠"，故坎帕拉又被人们称为"明珠中的明珠"。

　　在当地民族语言里，"坎帕拉"有"羚羊山"的意思。据说，最初这里是一片荒山，山上长满了茂盛的牧草，许多动物在这里自由生存，尤以羚羊的数目为最多，这些羚羊时常成群地从这座山跑到那座山，故称为"羚羊山"或"羚羊之地"。坎帕拉曾是历史上著名的乌干达王国（也称布干达王国）的王宫所在地，传说乌干达王国国王经常在闲暇时到这里放牧羊群寻乐。

　　坎帕拉是非洲地区一座历史悠久的古老城市。从公元 10 世纪末到 19 世纪中叶，是乌干达历史上统一的强盛的乌干达王国时期，坎帕拉一直是乌干达王国的都城。坎帕拉城内历史文物很多，在各个山顶上，至今仍保留着建筑宏伟的宫殿、寺院、教堂和陵墓等。

建于1913年的圣保罗大教堂，为基督教新教教堂，是一座红色穹顶的建筑，坐落在纳米伦贝山头，宏伟壮观。建于1925年的卢巴加教堂，为罗马天主教徒的祈祷地，顶端有两座绿色的钟楼，坐落在卢巴开戈山头上，富丽堂皇。建于1948年的基本利清真寺，为伊斯兰教信徒的礼拜场所，整体为白色，坐落在基本利山头上，巍峨典雅。此外，还有卡苏比山上的卡苏比陵墓，麦克勒里山上的麦克勒里学院，恩萨姆比亚教堂以及一些印度教的庙宇，等等。这些文化古迹，已成为坎帕拉悠久历史的见证，也使坎帕拉在充满现代化的色彩中保持着古香古色的风格。

坎帕拉曾在1890—1905年沦为英国殖民统治的据点。自乌干达于1962年独立以来，坎帕拉城市建设不断得到发展，如今它已拥有77万人口，是乌干达的政治、经济、商业和文化中心。虽然乌干达是非洲东部横跨赤道的内陆热带国家，但是因坎帕拉地势较高而气候凉爽，终年如春，花木争艳，绿草似茵，宛如一座山丘花园。一幢幢房屋依山势起伏，层层掩映在片片翠绿之中。站在全城最高的克洛洛山之巅，眺望四周，全城各山头尽收眼底，宏伟壮观的议会大楼、国际会议中心和政府各机关整齐地分散在纳卡塞罗山上，近处山脚下的乌干达国家博物馆、独立广场、独立纪念碑等历历在目。东南郊的维多利亚湖，水域广阔，波平似镜，帆影点点；滨山坡上森林密布，一幢幢非洲式别墅坐落其间，环境幽静；山脚下有草坪、高尔夫球场等，是散步或从事运动的理想地方。坎帕拉正是以它悠久的历史、绚丽的风光和众多的名胜古迹而成为非洲的一处旅游胜地。

在非洲，坎帕拉还有"芭蕉城"的称号，这是因为坎帕拉大街上到处都是绿色的芭蕉树，而且品类繁多，姿态各异，茎粗叶阔。当地人十分喜爱这种用途广泛的芭蕉树。

芭蕉是一种多年生植物，在炎热的非洲地区，新苗出土后，生长得很快，只需稍加管理，便一年四季可以收获。芭蕉一般不生吃，可以烤熟或炖熟后吃，

也可以磨成粉制作成各种糕点，是当地居民的主要食粮之一。坎帕拉居民还用芭蕉酿制啤酒或烧酒，并用晒干后的芭蕉叶来包装米、豆、咖啡、甘薯、烟草、盐和蛋品等。芭蕉叶还可以用来编织盘子、帽子、凉鞋以及母亲下地劳动时安置小孩的帐篷等。大雨滂沱的时候，很多人手撑着巨大的芭蕉叶安然行路。青翠整洁的芭蕉树，还可以起到净化城市空气、美化城市环境的作用。芭蕉树同高大的棕榈树、浓密的芒果树、芳香的花木、大片的草坪交织在一起，将坎帕拉装扮成一座空气清新、苍翠似海、绚丽多姿、风景秀丽的热带城市。在坎帕拉的大街小巷，芭蕉树竞相生长，棵棵茎高叶密，浓荫如盖，而且姿态婀娜，亭亭玉立，招人喜爱。

孟菲斯——音乐蔓延在神秘的天堂

孟菲斯位于埃及尼罗河三角洲南端，周围是广袤的棉田和森林。因为它的水文地理酷似尼罗河畔的古城孟菲斯，且兼有埃及开罗的炎炎烈日，故叫做孟菲斯。

历史似乎给我们开了个玩笑。曾经的壮丽城市，如今孟菲斯的博物馆竟然可以算得上是全世界最小的一个，里面只有一尊躺着的拉穆斯二世雕像和几尊残破的小石雕。在博物馆的花园里有一座代表阿迈诺菲斯二世的人面狮身像，高 4 米多，由一整块 80 吨重的岩石雕成。

单单只凭借这样少的遗迹就想将这个过去的埃及都城了解清楚，确实有很大的难度。古埃及时期都城孟菲斯的景象也只能依靠史学家的考古分析来想象当时城市的辉煌。但尽管如此，我们依然无法否认孟菲斯的古老。

孟菲斯从公元前 3100 年前起就是埃及的首都，且定都长达 800 年之久。当时是全世界最壮丽伟大的都市，我们单看孟菲斯的墓地就可想而知当时有何其壮观了。孟菲斯墓地在孟菲斯城西南萨卡拉，这里有 80 多处古代法老的陵墓——金字塔，其中最瞩目的是吉萨大金字塔，共有三座。在萨卡拉墓地中

159

除了马斯塔外，也有阶梯金字塔，其中最著名的是第三王朝第二代法老祖赛尔的六层金字塔，是第一座规模最大的砌石结构。法老祖赛尔的阶梯金字塔是阶梯金字塔建筑的发端。而它的后继者胡尼王在此基础上建造了八层的金字塔，并且在外面覆盖上了优质的石灰石，形成了具有倾斜面角锥体的真正的金字塔。

它以毁灭为代价换来了今天的安静，它穿越了历史的时空，仿佛要告诉我们些什么，却又好像不是。也许我们只有接近它，倾听它，才会真正地了解一个非比寻常的孟菲斯吧！

杰内——神圣之光

被世人称为"尼日尔河谷的宝石"的杰内古城，坐落在尼日尔河与巴尼河交汇处，这座苏丹建筑风格的古城曾是非洲内陆重要商路的中转站，也曾是撒哈拉商道上黄金、象牙、奴隶贩卖的重要途经之地和贸易中心。

杰内古城始建于公元前2世纪，出土的文物有公元前3世纪的石器、铁器以及手镯等装饰品。坐落在杰内古城西南3千米处的杰内朱诺可能是撒哈拉以南非洲的最古老的城市。从14世纪起，杰内先后被马里帝国、桑海帝国和摩洛哥人所统治。1893年，法国人侵占了这座城市。

杰内古城是古代非洲内陆商路上的重要中转站。杰内人有经商传统。杰内商人从南撒哈拉地区用船运来黄金、象牙和奴隶等转卖到北撒哈拉地区，然后再将从北、中非洲运来的岩盐、烟草、衣服和皮革制品等转售到南撒哈拉地区。杰内的富裕商人们在城内择地而居，保持着特有的生活习惯、服饰以及烹饪方式。

13世纪，随着繁荣的黄金贸易的兴起和罪恶的奴隶贸易的建立，杰内得到迅速发展，在极盛时期居民达到5万人，伊斯兰教得到广泛传播，市内建起一批伊斯兰建筑和摩尔式建筑，成为蜚声西非地区的一座重要城市。14世纪，杰

内古城达到了鼎盛期。黄金帝国马里的名声甚至传到欧洲。杰内城的中央广场将古城分为东、西两个部分：东部的建筑物较多，有河港，商业活动频繁，王侯宅第颇具特色；西部为手工业区。

杰内古城的民居也颇具特色，远远望去宛如一块块切削整齐的大泥块，院墙用泥沙涂抹。院子中央有一个公共场院，整座院子只有一个出口，木制大门用粗大的铁钉装饰。现在马里北部的建筑也还保留着杰内的古建筑传统。

杰内清真寺结构新颖，色彩鲜明，式样独特，巧妙地将萨赫勒建筑风格和苏丹建筑艺术融为一体，充分显示出马里古代劳动人民聪明的智慧和精湛的建筑技艺，被称为精美的建筑杰作。在 14 世纪清真寺旧址上重建的杰内大清真寺，属于典型的撒哈拉—苏丹式建筑，竣工于 1909 年。杰内清真寺的独特之处在于，整座建筑见不到一砖一石，是用一种特殊的黏土和树枝修建的。寺院占地面积 6375 平方米，建筑面积 3025 平方米。100 根粗大的四方体泥柱支撑着祈祷大厅屋顶，屋顶上开有 104 个直径 10 厘米的圆孔，寺门宽阔高大。寺院的主墙由三座塔楼组成，塔楼之间由五根泥柱相连。

杰内城作为一座著名历史文化古城，为研究西非早期的水稻种植、青铜器和铁器的使用以及伊斯兰教在西非地区的形成和发展提供了极为珍贵的资料。

因杰内城位于低洼地带，历史上巴尼河曾数次在洪水季节河水泛滥，淹没城市，冲毁建筑，泥房倒塌，加上终年气温干燥以及外部势力的入侵，市内许多建筑多是后来修缮的。那些充满浓厚宗教色彩的清真寺、建筑别致的王宫府第和独具特色的民用住宅，使这座城市依然显得古香古色，典雅朴实。

大津巴布韦——神秘的石头城

大津巴布韦遗址位于津巴布韦首都哈拉雷以南约 350 千米、马斯文戈市东南 24 千米处，这座占地 7.25 平方千米的古城坐落在三面环山、风景优美的丘陵地上，北面是波光粼粼的凯尔湖。城池大致由三大部分构成：由很高的石墙围成的椭圆形的大围场，人们也称之为庙宇或王城；早期建在山顶的有些像堡垒的卫城或叫做山地要塞；在卫城和大围场之间河谷中的平民生活区的各类建筑遗址。在现在来看，这座城池的地势也很理想，但是这些看起来像房子的建筑似乎都没有顶。

大津巴布韦在班图语中是"石头建筑"的意思。这座令人难以忘怀的古城遗址景色壮丽，长年苍翠。内城墙内还有历史更为久远的矮墙，与其他几道断壁残垣连接，从而将内城分割成为好几块大小不等的围场，纵横交叉，甬道犹如蜿蜒曲折的小路。人们走在里面仿佛进入迷宫一般，神秘莫测。

卫城建于高约 700 米的山顶上，城墙全长 244 米，高达 15 米。其入口是一条只容一人通行的阶梯，阶梯的台阶直接从峭壁中凿出。卫城是顺着山势自然

走向建造的，聪明能干的石匠凭借熟练的技巧，依山势用花岗岩砌成一座天衣无缝的宏伟建筑物，其中有一段城墙还筑在大自然造就的岩石的山嘴上，蔚为壮观，令人赞叹不已。

在大围场和卫城周围没有发现太大的建筑物遗址，但这片开阔地内墙基纵横，有住宅、酿酒作坊、货栈、商店、铁矿坑、炼铁炉、水井，附近还有水渠、梯田的遗迹。有人在这里找到过一些中国明代的瓷器、阿拉伯金器、印度念珠等珍宝，显然这是一个庞大而复杂的平民生活生产区。其中中国明代的瓷器也许能够从侧面佐证这个古城的主人们生活在这里的大致时间。

大津巴布韦对于现代人来说仍是一个谜，因为在19世纪，一些寻宝者不负责任的行为极大地阻碍了今天的考古工作。16世纪初，葡萄牙人侵占莫桑比克时，已经风闻西边有座石头城，但始终不能证实。

1871年，德国地质学家卡尔·默赫闻讯前来，默赫的考察过程极为艰苦，他的包裹着考察仪器的行李被向导弄丢了，后来，又染上热病，在他去世后的1876年，其考察报告才问世。在报告中他宣称自己进入了"女王希巴的黄金国"，这立刻引起欧洲人的兴奋。因为沉醉于黄金热的欧洲人正对阿拉伯人传播的一条消息感兴趣，那条消息说，大津巴布韦是所罗门国王开采金矿的所在地。

一些痴狂的欧洲人立刻从各地赶到大津巴布韦，在这里进行了毫无理智的破坏性发掘，有人为了找到埋在实心圆锥形塔下的财宝，居然从地下挖了一条壕沟穿过塔底，结果只有失望。人们到处寻找梦中的黄金和珠宝，不辞辛劳，掘地三尺，本来还算完整的古城最后被折腾得面目全非，那些雕在门窗石柱上的大津巴布韦乌石雕都被一一敲下来带走。

英国考古学家西奥多·贝特与他的妻子罗伯特·斯维1891年来到大津巴布韦，雇用了30个当地人清理荒芜的遗址，但其得到的考古结论是幼稚的。20世纪，统治津巴布韦的英国殖民当局采取了某些保护性措施，禁止私挖乱掘，组织多批考察队进行系统研究，神秘而多舛的大津巴布韦的面目开始慢慢明朗、清晰。

开罗——城市之母

开罗地处孕育了古代埃及文明的尼罗河三角洲顶点以南大约 14 千米处，迷人的尼罗河穿过市区，这座非洲的第一大城市，呈扇形分布于尼罗河的东西两岸。沿着精心开拓的河岸，是一片葱郁的热带植被，市区内的高楼大厦之间，点缀着高耸的棕榈树和鲜花怒放的热带观赏植物，这与西面广阔无垠的撒哈拉沙漠和岩崖嶙峋的穆杰泰妈丘陵形成鲜明的对比。开罗的树木和草地都是碧绿的，红的、黄的、紫的花朵爬满了篱垣，衬托得鲜艳美丽。一年四季鲜花盛开，在街上可以买到玫瑰、夜来香、大理菊、水仙和石竹等，到处散发着浓郁的香气。

伊斯兰教是阿拉伯埃及共和国的国教，因此，伊斯兰教清真寺遍布全国各地，仅开罗就有 1000 多座，这些清真寺尖塔，恰似满天的星斗，晶莹耀眼，倒映在亮如明镜的尼罗河中，闪烁着迷人的光辉。正因为开罗有成百上千的清真寺尖塔，才为开罗赢得了"千塔之城"的雅号。

在尼罗河上有一个扎马力克岛，著名的开罗塔便矗立其上，塔高 187 米，由 1000 万块彩色瓷砖镶嵌而成莲花状的塔体，代表了古埃及法老的图腾——莲

花。每当夜晚，聚光灯照在塔上，整个塔身发出炫目的光辉，尼罗河水从两旁流过，晶莹闪烁，在万点银波的映衬下，景色蔚为壮观。

沧海桑田，世事变迁。数千年来，世界上有多少古迹已变成废墟，有多少山河已面目全非，而唯有那象征着埃及悠久历史和古代文明的金字塔，依然屹立，以其特有的魅力，吸引着世界游客。

每当金字塔夕照，夜幕渐渐降临，来自世界各地的游客云集之际，人面像周围灯光和音响齐放，播送出古曲和道白，并仿效狮身人面守护神洪钟般的语调，以其切身经历，荡气回肠地诉说古埃及的历史与沧桑。据传说，当年拿破仑远征埃及时，他雄心勃勃地单独闯入金字塔，出来时竟张口结舌，面色如纸。于是，盛怒之下，竟用大炮把斯芬克斯的鼻子打掉一大块。这虽属传说，但今天的狮身人面像损坏很大，漫长岁月的风沙、日光、地下水和工业污染使它严重腐蚀：面孔上出现了道道"皱纹"，昔日外层的红色胶泥大部分已剥落，兽冠、圣蛇、长须也都不翼而飞。它的鼻子深陷，胸部和全身"肌肉"松弛，斑斑驳驳，遍体鳞伤。不过，它宏伟的建筑工艺和种种神秘的传说，仍然使世界上许多游客前来观光。

凯鲁万——三百清真寺之城

　　凯鲁万位于突尼斯海岸和内陆山区之间，是伊斯兰教的圣地之一，也是伊斯兰教世界的精神支柱之一。它是一座古城，是一座历史文化名城，同时也是一座圣城。从公元 7 世纪开始，经过多年的征战，特别是经过公元 644～713 年的 70 年 "圣战"，不断壮大的阿拉伯帝国终于征服了北非突尼斯土地上的柏柏尔人。这次征服，不仅将阿拉伯文化带到了突尼斯，而且使当地的柏柏尔人皈依了伊斯兰教。从此，柏柏尔人这个种族从语言、文化到信仰、习俗完全归化为阿拉伯民族。在突尼斯的历史上，这是一个充满神奇和英雄传说的年代，它既使柏柏尔人感到自豪，又足以使阿拉伯人感到荣耀。

　　凯鲁万古城筑有 3 千米长的石头城墙，连接南门和北门的是一条横跨城市、穿越众多露天市场的交通要道。在古城里，以这条干道为主轴，两边是由通衢和死巷组成的密集交错的道路网，众多低矮的房屋形成了白灰涂墙的独特城市景观。

　　在古城的中心地区，是伊斯兰教在北非最大的清真寺——奥克巴清真寺。奥克巴清真寺由倭马亚王朝驻易弗里基叶总督奥克巴·伊本·纳菲尔于公元 670～675 年兴建，并以其名字命名。纳菲尔既是一位骁勇善战、富于谋略的军

事指挥官，又是一个有治国方略的总督，在他的统治下，伊斯兰教在凯鲁万迅速发展起来。

奥克巴清真寺是与麦加、麦地那、耶路撒冷的清真寺齐名的世界四大清真寺之一。它的外形像一座巨大的城堡，建筑风格独特，设计布局精妙。院内大理石铺地，三面由 300 根石柱顶托的拱形长廊环绕，连拱的柱廊、排排石柱和巍峨的尖塔，营造出庄严、肃穆、圣洁的氛围。清真寺西北的宣礼尖塔高 35米，是整个凯鲁万古城最高的建筑物。站在十几千米之外，就可遥见高耸的尖塔，它已成为凯鲁万的标志性建筑之一。

寺中礼拜大殿宏伟壮观，大殿正面有 15 扇大小不同的木门，每扇门由400～800 块雕有各种图案的嵌板组成。殿内西面有精制梧桐大讲坛，由 288 块精雕细刻的印度名贵杉木嵌板组成，嵌板上刻有花卉、谷物、几何图案，色彩丰富，设计精巧。大殿内可容 3000 人同时进行礼拜。

奥克巴清真寺还附设有图书馆，图书馆里收藏有大量伊斯兰教经籍和珍贵文物，既是最早的伊斯兰教教育和文化中心，也是北非伊斯兰教的学术中心，在全世界穆斯林中都享有崇高的地位。

老街弯弯曲曲，纵横交错，在 10 座保存完好的古城城门中掩映出一个巨大的迷宫，沿途不时见到一座座清真寺，而寺内也总是挤满了虔诚的信徒。据说，凯鲁万共有 180 多座清真寺，100 余处圣人陵寝，因此，凯鲁万有"三百清真寺之城"的美誉，可见神圣的宗教在凯鲁万人的生活里占有多么重要的地位。

游人们走出奥克巴清真寺，漫步于凯鲁万古城，可以感受古老的梦幻色彩。沿街看去，店铺林立，货摊鳞次栉比，商品琳琅满目，叫卖声此起彼伏，是一派醉人的阿拉伯市场风情。其中，最为引人注目的是一幅幅制作精美的地毯。突尼斯的地毯编织业就兴起于凯鲁万，所以凯鲁万又有"地毯之乡"的美誉。

魅力名城古镇——美洲篇

温哥华——叛逆的宁静理想

温哥华是一个让人听了就会怦然心动的名字，它是一个充满乐趣的城市，这里有数不尽的精彩活动、观光名胜和旅游热点，有待您一一发现和体验。无论您选择乘坐汽车、仿古马车、直升机、骑自行车巡览，还是安步当车漫游街上，均可以体验这动感都会的无尽姿彩。

温哥华位于加拿大西岸入口，加、美边界北侧，是加拿大的工业中心，是加拿大第三大城市，加拿大西部最大的城市，同时也是北美第三大海港和国际贸易的重要中转站，靠山面洋，气候无常但很温和。与加拿大其他地区不同，夏季温度在20℃左右，而冬季也很少低于0℃。温哥华给人印象最深的是覆盖冰川的山脚下那众岛点缀的海湾，绿树成荫，风景如画。

怡人的气候和得天独厚的自然美景，使它成为最适合享受生活主义者的伊甸园，多次被联合国评为最适宜人类居住的城市。温哥华居民人种中有许多来自世界各地的移民，不论是何种种族，在当地都不会有人觉得你是外国人。

距温哥华市中心10多分钟车程的斯坦利公园总面积为4平方千米，几乎占据了整个温哥华市北端。斯坦利公园北临巴拉德湾，西临英国湾，是北美地区最大的市内公园。斯坦利公园人工景物极少，以红杉等针叶树木为主的原始森林是公园最知名的美景。在斯坦利公园北端，是横跨海湾的狮门大桥的一端。狮门大桥桥身两侧以弧形钢索悬吊，长约1660多米的大桥可容3条车道，是连接温哥华市与西温哥华和北温哥华的交通要道。在公园东部，有几根形状不一的印第安木刻图腾柱，它们不仅是印第安人文化艺术的体现，也为公园增添了一处历史景观。在斯坦利公园中，除了常常看到可爱的浣熊，还有一座动物园和温哥华水族馆。建于 1956 年的温哥华水族馆是加拿大最大的水族馆，种植着大片亚马逊热带植物。温哥华水族馆内有 8000 多种水中生物供游人参观，其中不乏虎鲸、小白鲸等珍稀海洋生物，水族馆内还有各种鸟类和猴子。温哥华水族馆还会为儿童举办关于环保和保护动物的教育性节目，寓教于乐，很受儿童和家长的欢迎。

温哥华坐落于碧海蓝天之间，背倚海岸山脉。虽然这座海港城市的气候以温和著称，其周边白雪覆盖的山峦却是冬季运动的绝好去处，也是鸟瞰令人惊叹的城市美景的好地方。温哥华是世界上极少数能在清晨滑雪而午后扬帆出海的城市之一。

总之，这里是人间的天堂，到这里就仿佛到了天堂。

马丘比丘——失落之城

在南美的一些地区，人们认为神圣力量可以跨越时空，无所不能，因此人们建造各种纪念物以接近神圣力量。秘鲁的马丘比丘圣城遗迹就是南美洲最具神秘色彩的古迹之一。

经济利益的驱动使文化遗迹的保护和旅游开发之间的矛盾日益尖锐。历史越厚重、底蕴越神秘的名胜，遭受的骚扰似乎越严重。早在1983年就列入《世界遗产名录》的深藏在秘鲁南部安第斯山脉密林深处的马丘比丘，现在每年不得不接待40万人次以上的游人。联合国教科文组织发表了一份关于秘鲁旅游政策的建议，然而，秘鲁旅游当局却对马丘比丘的现状表示满意，竟拒绝了教科文组织的建议。

也许秘鲁当局也有自己的无奈，毕竟，太多的人将马丘比丘作为一生必去的若干个地方之一。

马丘比丘是印加帝国于16世纪遗弃的古城，是著名的印加古文明的象征。直到1911年，美国地理和历史学家海拉姆·宾汉姆才偶然发现了这处古迹。因无法得知其原始的名字，故当时借其附近一座山名"马丘比丘"来命名。虽然在悠悠岁月中，古城遗址已被森林覆盖，满目疮痍，但它的巨石建筑结构基本没有遭到毁坏，令发现者惊叹不已。

15 世纪上半叶，印加建立了统一的帝国。1532 年，西班牙人开始对其进行殖民统治和疯狂劫掠，并带来了欧洲的疾病，古老的印加文明被逼到灭绝的境地。但由于马丘比丘被海拔 2000 余米的热带丛林所包围，无路可入，它居然没被发现，从而免于劫难。

马丘比丘古庙可能是印加帝国全盛时期最辉煌的城市建筑，那巨大的城墙、整齐的台阶、漂亮的扶手都好像是在悬崖绝壁上自然形成的一样。

建筑全部用巨大的花岗岩石块砌筑，却又不使用砂浆。各种不同形状的石块，如此巧妙而又精确地相互拼合起来，使人难以觉察到石块间的接缝，它好像本身只是一大块石头。印加人没有铁制工具，没有用来进行切割与运输整块巨石的实用工具，却建造出如此绝妙的石头建筑，真是太不可思议了。人们相信，要么是印加民族的智慧超越了今人，要么是外星人曾经光临。

它又是缘何而建的呢？比较可信的说法是，这里原来居住着一个崇拜太阳并有着神秘宗教仪式的民族。从城内挖掘出的头骨，能推断其女性人数与男性人数的比例为 10∶1，他们都神秘集中在一个名为"拴住太阳的地方"的建筑上。这个建筑似乎是个复杂的天文装置，用来计算一些重要的日期，如夏至、冬至等。在太阳塔上，似曾有过对太阳系的观察与研究。那个塔是座马蹄形的建筑，朝东的一扇窗子很特殊，它在冬至那一天，可以笼住太阳的光线，每值夏至日或冬至日，印加人便在此举行太阳节庆典活动。

马丘比丘的未解之谜一个接一个：古城建成的确切时代是什么时候？它又是如何湮灭的？为何每具男性残骸周围呈辐射状埋葬十具女性残骸？遗址石壁上的奇怪符号的意思是什么？这些深藏历史中的谜，到什么时候，又有谁能解开？

乌斯马尔——神秘之城

乌斯马尔城位于尤卡坦的北部，是商业与政治的重地。

古玛雅大多将高度文明的神殿城市建造在密林之中。乌斯马尔建筑群就是玛雅帝国鼎盛时期在墨西哥尤卡坦半岛建造的遗址之一，这里被茂密的热带雨林所环抱。在 11 世纪之前曾拥有 2.5 万人口。遗迹的中心耸立着 38 米高的"魔法师金字塔"。传说女巫施魔法用鸡蛋孵出一个小人，小人一夜之间建成了这座金字塔，由此得名"魔法师金字塔"。塔西面的阶梯在每年夏至这一天正好对准西落的夕阳，反映了当时印第安人高度的天文知识水平。另外在 15 米高的土丘上有座长 100 米、高 8 米、宽 12 米的气势磅礴的"总督府"，被称为古代美洲最杰出的建筑佳作，其外墙上至今残留有马赛克装饰，但据考证总督未曾在此居住过。公元 8 ~ 10 世纪，玛雅文化达到了鼎盛，其中的建筑物是该文化的杰作之一。在当时的尤卡坦有三种主要的建筑风格。一种是勒奥贝克风格：一个高高耸立的金字塔（有时是两个或三个金字塔的组合），其顶部是切尼斯风格的神殿；一种是切尼斯风格：庙宇的正面是丰富的灰泥装饰物，而庙宇的入口处是具有奇特风格的装饰品。例如，有象征神灵的大嘴，形状比较怪异；另外一种世普乌克风格：正面被分割为上下两个部分，上面的部分装饰有嵌花式的图案。神奇的金字塔位于建筑物的中心，海龟剧院位于前景的左侧；而女修道院位于不引人注目的后景的左侧，与之相对应的是位于后景右侧的统治者宫殿。

从公元 7 世纪开始，乌斯马尔城就是尤卡坦中最大的城市和宗教中心，整个城镇呈现出一片欣欣向荣的繁华景象。乌斯马尔的原意是"三次修建"，这种多次修建的特征鲜明地反映于丰富多彩的建筑风格中。在受到托尔特克人文化侵袭后，乌斯马尔城最终于公元 10 世纪被遗弃。目前适用于许多建筑物中的名字均来源于征服的西班牙人，既不是本土的，也不代表任何建筑物的实际功能的象征意义。典型的一个例子是女修道院，其命名仅仅是缘于与西班牙的女修道院有类似之处。这个建筑物实际上是一个学校，培养以宗教迷信方式给人治病的医学家、天文学家、数学家、萨满教的道士与牧师。

乌斯马尔的主要建筑所在区域约为一个东西 600 米、南北 1000 米的长方形，主要建筑物顺乌斯马尔南北方向的中轴线依次排开，布局十分讲究，魔法师金字塔、省长宫、四方修道院、乌龟宫、鸽子宫、球场等都是按此布局分布的。乌斯马尔是玛雅语，意为"建了 3 次的地方"，尽管乌斯马尔重建的时间尚待考证，但城内的数座建筑，确是经几次重建而成的乌斯马尔的最高建筑——魔法师金字塔，就经过了 5 次重建。

令人意味尤深且兴趣盎然的是，整座城市与当时所知道的行星位置休戚相关，并且神奇的金字塔具有导向功能，逢值夏至时分，其西侧的楼梯正对着落日的太阳。

华盛顿——美丽的雪城

华盛顿位于马里兰州和弗吉尼亚州之间的波托马克河与阿纳卡斯蒂亚河汇流处，是美国的首都。

白宫、国会、最高法院以及绝大多数政府机构均设在这里。白宫是一座白色大理石圆形建筑，是华盛顿之后美国历届总统办公和居住的地方。椭圆形的美国总统办公室设在白宫西厢房内，南窗外边是著名的"玫瑰园"。白宫正楼南面的南草坪是"总统花园"，美国总统常在这里举行欢迎贵宾的仪式。

只要提到华盛顿，让大家印象极深的景点之一是华盛顿纪念塔。华盛顿纪念塔可以说是华盛顿的地标，登上塔顶眺望整个华盛顿特区的风景，若依指针走下 897 个台阶，可以观赏到许多纪念性的饰品及徽章，每逢周六、周日的 10 时与下午 2 时有徒步下台阶的导览活动。华盛顿纪念塔耸立在美国首都华盛顿中心区绿草如茵的广场上，在蓝天白云的衬托下，显得格外壮丽。

华盛顿有许多纪念性建筑。离国会大厦不远的华盛顿纪念碑，高 169 米，全部用白色大理石砌成，乘电梯登上顶端可把全市风光尽收眼底。杰弗逊纪念堂和林肯纪念堂等也都是美国有名的纪念性建筑物。

　　华盛顿著名的娱乐场所当属林肯纪念堂北侧，身傍波河的肯尼迪艺术中心，它包括歌剧院、音乐厅、两个剧院、电影院和图书馆等，是为纪念在 1963 年于达拉斯遇害的第 35 任总统约翰·肯尼迪而建。中心专为游客安排了 50 分钟的参观路线。古老的福斯特剧院是 1865 年 4 月 4 日美国第 16 任总统林肯遭演员枪杀身亡的祭地。舞台右上角的星条旗包厢就是当时的总统席，这里不时地上演林肯暗杀事件的剧目，剧院地下有林肯博物馆展示当年事件双方的服饰、凶器、剧场节目单等。

　　华盛顿最大的行业是旅游业。到 20 世纪 90 年代，每年有 1800 万人次到这里旅游，带动了这座城市与旅游相关的产业，使旅馆和餐饮业发展迅速。华盛顿市区的建筑日增，农田向四周退缩了，消失在浓郁的森林后边。唯有浓郁的绿色是挥之不去的，华盛顿被人们看作森林中的首都，或者说草坪环绕的都市。

　　从建都之日起，这里的人们就重视城市绿化。为了使首都更美丽，杰弗逊倡导在首都植树，并亲自在宾夕法尼亚大街种植意大利白杨。宾夕法尼亚大街两边的树木从那以后更换过好几次，先后种植过椴树、橡树、槭树等。这种由市政府拨款植树种花的惯例一直延续到今天，绿化首都是市政府的日常工作，每年要拨出 3% 的经费用于街心公园和道路两旁的绿化，从而使华盛顿成为世界上树木和花草最多的城市之一。华盛顿由此获得"花园城市"之称，一到春天，便绿树成荫，繁花似锦。全市公园和休憩地面积 3400 公顷，其中国家公园面积就达 3000 公顷，占市区面积的 20%。可以说，除了停车场、马路、体育场外，几乎所有空地都为树木花草所覆盖，人均公园绿地超过 40 平方米。

墨西哥城——带着一个梦回来

墨西哥位于北美洲的西南部，北部与美国接壤，东南接危地马拉和伯利兹，东濒墨西哥湾和加勒比海，西南临太平洋。

墨西哥城坐落在墨西哥高原边缘的湖积平原上，是阿兹特克王国首都特诺奇提特兰城的原址。根据古老的传说，在很久以前，阿兹特克人根据太阳神的指示，去寻找一个有"一只老鹰叼着一条蛇站在仙人掌上"的地方定居。经过两个多世纪的寻找，阿兹特克人不断由北向南迁移。有一天，他们来到了墨西哥谷地的特斯科科湖畔，看见一块巨石上面有一棵巨大的仙人掌，一只雄健的鹰正站在仙人掌上啄食一条长蛇。于是，举族欢腾，他们认为终于找到了太阳神预示的地方。阿兹特克人便在这里定居下来，于1325年建立了特诺奇提特兰城。城名在印第安语中的意思是"石头上的仙人掌"。1521～1546年，西班牙殖民者几次入侵特诺奇提特兰城，纵火烧毁了这座城市。后来，西班牙人又在城市的废墟上建起了墨西哥城，并建筑了许多教堂、宫殿和修道院。特诺奇提特兰城的废墟被深埋在了地下。

1978年2月21日，墨西哥城电力公司的工人在挖掘电缆管道时，发现了一块直径 3.25 米的圆盘形石雕，以浮雕形式表现了阿兹特克族的月亮女神被砍下双手双脚的形象。这与月亮女神在柯阿斯特克山被太阳神和战神的弟弟杀害并肢解的阿兹特克神话相吻合。这一文物的发现以及其他考古成果，确凿地证明了墨西哥城就建立在阿兹特克王国首都特诺奇提特兰城的废墟上。

墨西哥政府为了弄清特诺奇提特兰城的真实面貌，拆除了墨西哥城中心 5000 平方米范围内的七座建筑物以开展考古发掘。发掘工作没有令人失望，现场露出了金字塔的雏形。1982 年，一座宏伟壮丽的金字塔形神庙终于出现在人们面前。金字塔为方形，基座每边 90 米，共七层，原高 55 米。塔的第一层始建于 1325 年，落成于 1390 年。以后每一位国王都在前一位国王所建层级上再增建一层，作为自己向神明的真诚奉献。塔顶原有的神庙现已不复存在，但发现出土文物有 6000 余件，包括雕刻精美的有角神像，翎毛装饰的石雕蟒蛇像、陶器、珠宝饰物、畸形的头盖骨和祭神的人畜骸骨等。根据发掘现场推测，金字塔周围还有众多的神庙、高大的建筑物和贵族宅第。在古时候，城市的各区还都有大市场，呈现一派繁华景象。

在墨西哥城革命大街的街心广场上，屹立着一座高耸入云的墨西哥独立纪念碑。它是 1910 年 9 月 16 日，为纪念墨西哥独立 100 周年而建造的。碑身呈圆柱形，底座为正方形。圆柱高 36 米，顶部兀立着一尊展翅欲飞的胜利女神镀金铜像。女神手擎桂冠，神态祥和。基座四角塑着象征和平、战争、法律和正义的十尊神像。在女神脚下兀立着莫雷洛斯、格雷罗、米纳和布拉沃四位为争取墨西哥独立而献身的民族英雄的塑像，中间的雕像是"墨西哥独立之父"伊达尔戈。这位叱咤风云的神父，手持绘有瓜达卢佩神像的起义军旗，是墨西哥独立革命伟大历史场面的一个缩影。纪念碑入口处设有灵堂，安葬着几位墨西哥民族英雄。

巴拿马城——蝴蝶之国

　　巴拿马首都巴拿马城，濒临巴拿马湾，背靠安康山谷，巴拿马运河从城市边缘缓缓流过，是一座临海靠山、风景如画的海口城市。登上城市西郊的安康

山放眼四望，近处那些古香古色的教堂、城堡与式样新颖的现代建筑交错相间，绿树掩映，花草簇拥，条条街道笔直宽阔，整个城市显得整整齐齐，壮丽典雅，赏心悦目。远处巴拿马运河上的船只，进进出出，机声隆隆，汽笛清脆；辽阔的巴拿马湾波光粼粼，无边无际，令人心醉，犹如一幅自然画卷展现在人们的眼前。每当夜幕降临，港口上的那些等待通过运河的船只，依次而泊，灯火通明，倒影摇曳，绵延数千米，酷似意大利的水城威尼斯搬到了美洲大陆上。

巴拿马城原是印第安人的一个渔村，现分为古城、旧城和新城三部分，人口 83 万，是一座历史悠久的著名城市。1513 年，航海家巴博亚从大西洋登上美洲中部大陆，当他在一座山上察看地势时，忽然在望远镜里看见了太平洋，马上意识到这块地方在地理上具有重要意义，便星夜兼程，来到太平洋畔，选择一个渔村作为立足之地，陆续修建了一些房屋，并且沿用当地印第安人的称呼，把这个地方叫做"巴拿马"，意思为"渔村"，这便是巴拿马城的前身。1519 年，西班牙王朝派达维拉来到这里任总督，他到任后，便大兴土木，将渔村扩建成城镇，宫殿、监狱、公园、商店、医院相继出现，巴拿马城从此正式宣告诞生。在随后的一段岁月里，巴拿马城成为西班牙殖民者奴役美洲印第安人的基地和从事宗教活动的中心，也是西班牙殖民者在美洲搜刮财富、贩卖黑奴的集散地。西班牙殖民者将从四面八方掠来的大量金银珠宝集中在城里，然后转运到西班牙本土。巴拿马城的大量财富，也自然引起了海盗的垂涎。1671 年，英国海盗摩尔根用武力攻入巴拿马城，洗劫一空后，纵火将整个城市烧为废墟。1673 年，在古城废址以西约 8 千米处重建巴拿马城，1903 年被定为巴拿马共和国的首都。今天，巴拿马城的面积已扩展到 100 多平方千米，是巴拿马全国的政治、经济和文化中心。

从总体上来说，巴拿马城可分为老区和新区两部分。老区街道狭窄，迄今保留着一些西班牙古堡和带露台的房屋。中心的独立广场四周有双塔高耸的天主教堂、主教宫、中央旅馆、国家邮电总局等。老区是主要的商业区。新区是沿着老区发展起来的，街道整齐，马路宽阔，拥有大片大片的近代楼房、现代化高楼大厦以及新式花园宅院，著名的建筑有国家立法大厦、圣弗朗西斯科教堂、国民剧院、人类学博物馆、民族博物馆、运河博物馆、玻利瓦尔研究所等。同世界上其他国家的首都相比较，巴拿马城是一座以商业和服务业为主的城市。由于市区工业不多，不存在令人头痛的环境污染问题，城市上空总是蔚蓝一片，碧空万里。特别是每逢阵雨过后，雨水冲洗过的街道、房屋清新爽目，别有一番情调。巴拿马城濒临的巴拿马湾也是一处风景优美的地方。巴拿马湾是太平洋在巴拿马中央地峡以南、阿苏埃罗半岛以东的一个海湾，东西最宽处 185 千

米，南北长 161 千米。

海岸被割成若干小海湾，东有圣米格尔湾，西是帕里塔湾，北为巴拿马海湾。巴拿马海湾水域平静，岛屿密布，岸畔林木繁茂，花草争艳，环境幽雅。

巴拿马城的繁荣昌盛是同巴拿马运河联系在一起的。巴拿马运河是大西洋和太平洋之间的一条重要水上通道，它使两大洋之间的航程缩短了 1 万多千米，运河于 1914 年竣工，沿航道中心线向两侧伸延 16.9 千米的地带为巴拿马运河区。

巴拿马运河区的贸易在巴拿马城占有重要地位，因此，巴拿马城的金融业之发达是举世闻名的。在巴拿马城大街上，银行一家挨着一家，仅大户银行就有 120 多家，而其中近百家是外国银行分行。

萨尔瓦多——自由之城

　　萨尔瓦多是巴西的文化发源地，为巴西最早的首都。葡萄牙人第一次踏足巴西就是在巴伊亚，即现今萨尔瓦多附近，后来葡萄牙人建城于萨尔瓦多，开始了巴西殖民时代。

　　萨尔瓦多是巴西东北部的港口城市，位于大西洋的桑托斯海湾东岸。萨尔瓦多于1549年建城，是葡萄牙殖民者在巴西建造的第一座城市。直到1763年，这里一直是葡萄牙在巴西的殖民地首都。

　　萨尔瓦多保留着浓厚的巴伊亚文化，拥有葡萄牙天主教的教堂及建筑艺术，还有西非黑奴所留下来的非洲文化和土著色彩，再加上当地拥有迷人的沙滩，椰林处处，多年以来这里都是巴西人向往的度假胜地。

　　古城分上城和下城，上城位于半岛的小山上，下城面临海湾。上城高达80米的峭壁成为抵御来自海上攻击的天然屏障。真正意义上的古城区在上城佩罗尼奥区及其广场周围，这里的许多建筑体现了文艺复兴时期欧洲城市的建筑风格，街道都是石板铺成的，附近还聚居了不少非洲巴伊亚人。上城古色古香，拥有许多小广场和巴洛克式建筑群。街道密集、狭窄，路面用黑色和白色的石

子铺砌成各式图案花纹。

而下城主要是后期兴建的，位于港口附近的莫德罗市场，曾经是贩卖奴隶的地方，如今是繁华热闹的手工艺品市场。当地最吸引游客的算是这座大型手工艺市场，全部售卖地道的巴伊亚蕾丝服装及手织工艺品，极受游客欢迎。

萨尔瓦多城内有 160 多座教堂，是拉美地区教堂最多的城市，以哥特式及巴洛克式建筑风格为主。最古老的马特里斯·圣母康塞桑教堂，建于 1549 年。最华丽的是圣弗朗西斯科教堂，穹顶、墙柱、圣像和雕塑共使用了 300 千克黄金和 80 千克白银。17 世纪建造的瓦西利亚教堂是巴西最大的教堂，全教堂采用葡萄牙进口的石块建成，内部雕刻精美。

坐落在海边的乌宁古堡，在殖民统治时期是贩卖非洲黑奴的中心。当年，葡萄牙殖民者的商船不断把安哥拉、莫桑比克和非洲其他地区的黑人贩卖到巴西，在这座古堡登陆。经过几百年的融合，萨尔瓦多大部分居民为混血人种。著名的巴西饭菜是由黑人家乡菜发展而成的，非洲传统音乐、舞蹈、艺术、食品和生活习惯都可以在萨尔瓦多地区听得到和看得到。狂欢节跳的桑巴舞也是黑人带来的，该城还以狂欢节闻名于世。

同时，萨尔瓦多拥有巴西最动人、最美丽的沙滩，比起里约热内卢的沙滩更加宁静优美。游人或畅游在大西洋的海水中，或漫步在椰林树影下，还可以欣赏海龟生蛋，体验巴伊亚—萨尔瓦多的迷人海岸区。

哈瓦那——月色沉醉在梦的荒芜

　　哈瓦那是古巴共和国的首都和全国经济、文化中心，也是西印度群岛中最大的城市和著名良港。它位于古巴的西北部海岸，扼佛罗里达海峡西南口，与美国的佛罗里半岛隔海相望，具有重要的战略地位。哈瓦那地处热带，气候温和，四季宜人，有"加勒比海的明珠"之称。同时，哈瓦那是一座拥有400多年历史的城市，哈瓦那旧城区及其防御工事1982年被联合国教科文组织评为世界文化遗产。

　　哈瓦那正式建城是在1519年。1429年，哥伦布发现了古巴岛。1514年，西班牙殖民军首领拜菲洛·德纳瓦伊斯在现今哈瓦那的西南部沿海哈瓦瓜内克斯的领土上建立了古巴的第二座城市——哈瓦那镇。但是，哈瓦那镇是一片沼泽地，终年气候炎热潮湿，蚊子肆虐，疾病蔓延，很不适宜人们生活。1517年，哈瓦那镇搬迁到北部沿海阿尔门达雷斯河畔。后来，在东边发现了今天的哈瓦那小海湾，于是就迁移至小海湾西岸。1519年11月16日，哈瓦那确立永久性城址，正式在这里建城。

　　"哈瓦那"一词来自当地原始土著居民的语言，一说是"大草原"或"大

牧场"；也有说是"小海港"或"停泊处"；但是更为普遍的说法是：它源自古代印第安民族西博内部落一位酋长的名字，他叫哈瓦内克斯。1519 年 11 月 16 日，哈瓦那确立永久性城址，西班牙牧师带领将军、士兵和当地土著印第安人在现今哈瓦那老城武器广场北侧的一棵木棉树下进行哈瓦那的第一个天主教弥撒。那里至今还有一座 1828 年建造的神龛以作为建城永久纪念。

哈瓦那因其是海港城市和坐落在南北美洲之间，因而具有得天独厚的地理位置，很快变成了西班牙的一个重要战略据点，成为欧洲"旧世界"和美洲"新世界"之间通商和航运的中转站和必经之地。1561 年，西班牙国王腓力二世下令，为避免海盗和其他列强的侵扰和袭击，往来于西班牙和美洲领地的船只组队航行，要有护航，哈瓦那由此成为往返船队的集结地。集结时间少则三四个月，多则一年，其间水手、士兵和旅行者们就生活在港口岸边，于是城市以及港口的各种设施，如船舶修造工厂、商行、教堂、赌场、剧院、咖啡馆等就在哈瓦那小海岸西岸应运而生，并逐渐扩展、形成一个熙熙攘攘、颇具规模的海港城市。令人感慨的是，那时的新大陆还处于欧洲殖民者政府的初期。1607 年，哈瓦那成为当时还属于西班牙殖民地的古巴首都。1756—1763 年，英国在七年战争中夺取哈瓦那，实行港口自由贸易，引进大量非洲奴隶。战后，英国和西班牙对换古巴与佛罗里达。哈瓦那又归西班牙管制。1898 年，古巴共和国成立，首都定在哈瓦那。

哈瓦那老城的建筑艺术风格源远流长，城区那些传统性的民宅具有独特的历史文化氛围，它的布局整齐和谐，外观古香古色，巴洛克及新古典主义的建筑艺术风格在此具有杰出的代表，而且在哈瓦那市中心的何塞·马蒂广场上有古巴民族英雄、著名诗人何塞·马蒂的巨大铜像和纪念碑。老城还是古巴文化艺术的摇篮，世界闻名的古巴国家芭蕾舞剧院、古巴热带歌舞表演场所、拉丁美洲新剧院等都在这里。

要在古巴寻旧，就一定要对哈瓦那的街道细细品味斟酌。哈瓦那海滨大道是老哈瓦那的港口大街延伸的一条广阔的快速大道，北临加勒比海，南与哈瓦那和广场中心的市区相接壤，所以称为哈瓦那海滨大道，是散步、谈情说爱、体育运动、跳舞和民间音乐会的场所。这里也称海滨大街或海滨步行街。

傍晚，夕阳沉入大海之后，彩色射灯和霓虹灯逐渐亮起，海滩上各座风格迥异的建筑物就会被衬得金碧辉煌、流光溢彩。游客们可以在轻柔的晚风中欣赏哈瓦那和世界名曲，也可以观赏到美妙的桑巴舞，或者干脆一起跳一曲，还有荒诞的荧光面具舞表演助兴。

海明威曾经这样描述过古巴："我热爱这个国家，感觉就像在家里一样。一个使人感觉像家里一样的地方，除了出生的故乡，就是他命运归宿的地方。"

库斯科——太阳子孙的帝都

　　库斯科是秘鲁东南方的一座城市，大部分为印第安人，现为库斯科省省会。库斯科位于海拔3410米的安第斯山高原盆地，秘鲁人称其为"安第斯山王冠上的明珠"。库斯科是古印加帝国首都，已被联合国列为"世界文化遗产"。

　　库斯科是灿烂的印加文明的摇篮。在印第安语中"库斯科"的意思是"离太阳最近的城市"。传说远古时代，古代印第安人民在这里披荆斩棘，缔造家园，感动了太阳神，于是太阳神赐予一把金拐杖。国王曼科·卡帕克遵循太阳神的旨意，从海拔4000多米的的的喀喀湖迁到库斯科，建成雄伟华丽的都城，并以这里为中心，建立了庞大的印加帝国（印加意为"太阳的子孙"），成为南美大陆印第安文明的最高峰。从11世纪起，库斯科一直是印加帝国的政治、经济、文化和宗教中心。

　　印加人对太阳神尊敬有加，因此，供奉太阳神的神庙从墙根到屋顶都用每片重达2千克的金板覆盖，灿灿金光，耀如太阳，所以又称"金宫"。

　　西班牙殖民者使太阳子孙——印加帝国的帝都库斯科变成了废墟，然后，又在这废墟上建立起一座新的库斯科城。城中的石头路面和曲折的街巷记忆着印加人的脚步，同时也回荡着西班牙殖民者的笑声。

库斯科有着异常整洁的容颜——从库斯科的山上俯瞰整个库斯科古城，红色的坡屋顶布满了整个山谷。猛一看，真的有点西班牙中央高地城市（如马德里、托莱多古城）的味道。

入夜以后，库斯科也有着璀璨的面貌：密密排列在山上的房屋，在晚霞尚未褪尽时，就燃起整齐的街灯。从城里看上去，就像是浮在低空上面的灯光之城一样。

在库斯科的夜晚一定要做的一件事情就是：入夜之后拜访印加前博物馆，然后在建造于博物馆中庭的玻璃餐厅内享用烛光晚餐。而仿佛只有在这样的晚上，在博物馆里一件件仔细看着精美到让人不相信是千年前器具的各种陶器、丝织品展品，然后在烛光摇曳的餐厅里喝一口秘鲁本地中南部葡萄酒产区的赤霞珠，才能彻底地从这个幻觉里面抽身而出。

波托西——鬼城

波托西位于玻利维亚西南部，距首都苏克雷西南不远，海拔4020米，是世界上最高的城市之一，也是中世纪南美最大的银矿所在地。

西班牙人征服美洲之前，波托西仅为一小村落。1545年，西班牙殖民者在附近的塞罗里科发现银矿后建城，波托西得到了迅速发展。17世纪50年代它曾是拉丁美洲最大的城市。据记载，当时波托西有6000多座炼银土炉，由于滥采粗炼，致使表层富矿迅速枯竭，白银产量急剧下跌。西班牙国王菲利浦二世急令总督弗朗西斯科·托勒多采取措施重振波托西，托勒多采用了当时已在墨西哥使用的银矿石加工工艺技术。为满足水力粉碎机的需要，托勒多派遣众多工人在高处挖了22个人工湖蓄水。当时安装的130台水力粉碎机至今仍有20余台保存完好。新方法和新工艺需要大量的劳动力，总督托勒多采取了印加帝国传统的"米塔"劳役制，即奴隶轮流服劳役，经过一段时间可获得自由人权利的制度。波托西银矿生产迅速得到恢复，城市也重新日渐繁荣。自发现银矿至17世纪下半叶，共有1.6万吨的白银被运往西班牙。西班牙还在波托西设立了先进的皇家造币厂。17—18世纪，波托西的银产量占据了全世界产量的一半。西班牙殖民者曾毫不掩饰地说："用波托西开采的白银可在波托西和西班牙本土之间建起一座横跨大西洋的大桥。"

建城初始，波托西只有几座小教堂和一些住宅。随着城市的发展，轻易暴富的希望吸引了大批移民者。一面是一艘艘满载白银的舰船驶向西班牙本土，一面是一浪接一浪的移民热潮。大家都怀着梦想而来，可是只有极少数人实现了致富的梦想，大多数人仍然穷困。富裕了的矿主开始在波托西大兴土木。17世纪下半叶，波托西城出现了一种新的建筑风格，即被称为"梅斯蒂索"的印第安与西班牙风格的混合型建筑。这种建筑风格的独特之处主要表现在"所罗门圆柱"上。1691年，圣特列萨教堂的门廊首先采用这种建筑形式。1931年间，按当时的设计方法重建的圣贝纳尔特教堂，也是"梅斯蒂索"样式的杰作。

1825年左右，波托西的银矿濒于枯竭，这座城市的人们陷入了恐慌，成为鬼城的命运笼罩在波托西的上空。幸运的是，人们发现了波托西的锡矿也具有开采价值，于是，波托西这座城市的生命才延续了下来。

帕伦克——天体观测塔

　　墨西哥历史文化名城、玛雅古国城市遗址帕伦克，位于国境东南沿海平原，坐落在恰帕斯州北部，是典型的玛雅文明遗址。古城的历史可以追溯到公元前1世纪，城市发展的顶峰时期是公元600年至700年间，迄今保存下来的古老建筑多是在这一时期修造的，素有"美洲的雅典"之称，包括古城在内、占地面积达17.72平方千米的帕伦克国家公园已被联合国教育、科学及文化组织列入世界文化及自然遗产保护名录。

　　帕伦克是一座仅有3万余人口的小城镇，但在公元300年至900年间已成为玛雅人的文化艺术中心，比现在要繁华得多。在当时，帕伦克一带居住着印第安人的一支——玛雅人，他们曾经创造了光辉灿烂的文化，历史上称为玛雅文化，在人类发展史上书写下了辉煌的一页。有关史学家推断，如果玛雅文化能够继续得到发展，完全有可能超过高度文明的欧洲。然而不幸的是，公元9世纪时，拥有10多万居民的玛雅民族消失了，为什么消失得那样突然？是强大的异族斩尽杀绝了他们？还是集体死于流行的瘟疫？还是由于某种原因而迁徙他方隐居下来？迄今仍是无法解开的谜。今天，帕伦克古城遗址上那华丽的宫殿、高雅的庙堂、精巧的石碑、神秘的铭文、壮观的金字塔以及大量的象形文字、绘画、雕塑等，为人们研究玛雅文化提供了宝贵的资料，人们渴望有一天能解开玛雅民族从人类大家庭中消失的谜团。

帕伦克城自东向西沿河谷地带平缓地延伸 11 多千米，奥托罗姆河从市中心缓缓流过，一座长 50 米的拱形引水渡槽横跨河面，似长虹卧波。城内的神庙、宫殿、广场、民舍等依坡而建，错落有序，形成雄伟壮观的古代建筑群。市内最著名的建筑是王宫，它高高耸立在一个梯形平台上，平台底边长 100 米，宽 80 米，四周有 4 座庭院环绕。王宫外墙用岩石垒砌，内部装饰华丽，四壁有壁画、浮雕和各类雕刻，做工精细，技艺高超。公元 800 年这里发生了意想不到的事情，城市居民突然失踪，有的家庭的炉灶上还放着盛有饭菜的锅，郊外田野里倒放着正在耕地的犁，城市建设也就自然中断了。到公元 10 世纪，帕伦克城已完全被遗弃。

古代繁华的帕伦克与世隔绝了 9 个多世纪，精美绝伦的古老建筑被莽莽热带丛林所淹没，宽阔热闹的市区变成渺无人迹的废墟。1830 年，一群西班牙殖民者沿奥托罗姆河考察，经过帕伦克一带时，忽然发现丛林野草中高耸的古堡，感到惊奇不已，便劈开森林小道，继续探索，陆续发现一处又一处古迹遗址，当将发现的古迹绘成一张草图时，出现了奇妙的梦境，原来是一座繁华的古城遗址。随后，一批又一批考古工作者来到这里，雇用了一批又一批挖掘人员，沉睡了近千年的地方开始热闹起来，附近及远处的人家陆续迁到这里定居，于是在古城遗址上又形成了一座城镇，这就是今天的帕伦克城，并逐渐发展成为今天墨西哥的旅游中心。

在帕伦克城的发掘中，最引人注目的是 1952 年在碑铭庙的金字塔式台基下面发现的地下陵墓，为公元 8 世纪初著名的帕卡尔王的墓，是首次发现玛雅文明的金字塔式台庙，同时又是国王的陵墓，对深入研究玛雅文明具有重大意义。当年，发掘者们打开这座陵墓的入口后，发现一条 20 多米长的阶梯从金字塔式台基中央通入封死的墓室入口处。当打开封死的入口时，出现了高大宽敞的拱形圆顶墓室，墓室中央摆着一口石棺，棺盖重达 4.5 吨，可见当年已对预防盗墓考虑得非常周密。打开棺盖，入葬者已变为一具骷髅，四周摆放着 1000 多颗

珠宝，头部有一顶玉片面罩。经考证，陵墓修建于公元 7 世纪，入葬者为帕伦克的最高统治者。从陵墓中获取的象形文字以及实物，首次证实了帕伦克当年是玛雅王国的政治中心。玛雅人实行世袭贵族制度，统治阶层过着豪华奢侈的生活，而贫苦阶层则耕种纺织供养贵族。

　　为了更好地保护玛雅文明遗址这一珍贵的人类文化遗产，现已将帕伦克古城及其周围地区辟为帕伦克国家公园，以便留给子孙后代。

瓜纳华托——教堂之城

1554 年，西班牙人开始在位于墨西哥市西北 365 千米的一处青翠谷地营建城市，这个城市就是瓜纳华托。和苏克雷一样，瓜纳华托也同样是因为在它附近发现了银矿，从而被西班牙殖民者视为珍宝，给城市带来了繁荣，也留下了无数的历史和文化积淀。

整座城市沿着山麓的等高线建设，街道盘旋曲折，建筑的样式都是西班牙风格的。

在长久的殖民统治中，欧洲来的风逐渐和美洲自己的雨融合在一起，中世纪时代的西班牙古风、西式乡村民居和中美洲色彩鲜艳的建筑相互交织在城中各处。

殖民时代的人们，穿越大洋，历尽千辛万苦来到新大陆，这中间若没有神灵的支持，恐怕是坚持不下来的，而那些被奴役的人们，无论是原住民还是被贩卖来的黑奴，若没有神灵的庇佑，恐怕也很难在这艰苦的劳动环境中生存下来。

瓜纳华托的教堂数量不仅多，而且建筑富有特色，有"教堂之城"的美称。

若是在夜色下登山望城，那高高低低的十字架在夜色的衬托下显得格外辉煌。

圣·卡亚克诺·瓦伦西安那教堂位于瓦伦华多矿场边。这座教堂于1765年由矿场的主人出资兴建，是典型的巴洛克式建筑。

那时，银矿使西班牙殖民者获得了巨大的收益，既为了感谢上帝赐予财富，也为了向惨死的印第安矿工赎罪，矿主花费庞大的资金，用金子来包裹圣坛。金饰镶嵌屋顶，使这座教堂赢得了"金教堂"的美誉，在墨西哥也享有极高的地位。

可以和"金教堂"相媲美的是瓜纳华托·尼斯塔·圣诺拉教堂，它建于1557年，内部装潢十分豪华。在这座教堂里，供奉了一尊古老的木刻圣母像，这尊圣母像的历史可以追溯到公元714年，据说它在那时就已经被供奉在西班牙，当西班牙遭到摩尔人的进攻时，传教士将圣母像藏在山洞里才逃过劫难。

1557年，圣诺拉教堂建造之时，西班牙国王菲利普二世将这尊圣母像送给了瓜纳华托城，供奉在圣诺拉教堂。

因此这座越过大洋，千万里来到墨西哥的圣母像又被称为"瓜纳华托的圣母"。

除了教堂，瓜纳华托还拥有可称得上世界上最具特色的城市交通系统。

瓜纳华托建城时选在干枯的河床上，人们在已干枯的河床上修筑道路，又将道路封顶成隧道，然后在隧道顶端建筑房屋。如此架构，使瓜纳华托成为一座地面道路与地下隧道相通的立体城市，这些地下隧道至今依然四通八达，发挥着交通要道的作用。

瓜纳华托还拥有色彩鲜艳的中美洲建筑和西班牙乡村民居。由于瓜纳华托四面环山，随着城市人口的不断增加，城里的建筑密度也越来越大，形成了众多窄小的街道，这些街道有的窄到连一个人都很难通过，其中最出名的就是"接吻巷"。

传说，在瓜纳华托为银矿而疯狂的年代里，年轻的矿工和银矿老板的女儿相爱，但银矿老板坚决反对，把女儿锁在房间不让出门。

但由于街道狭窄不到1米宽，一对有情人便在凉台上接吻，倾诉衷肠，这个小小的街巷便被称为"接吻巷"。

数百年的时间过去了，瓜纳华托几乎一直保持着建城时的原貌，犹如一座中世纪的世外桃源，坐落于中美洲安静的山谷里。

欧鲁普雷图——黑金之城

欧鲁普雷图建立于 17 世纪末，位于伊塔科罗山脉的附近，沿着里奥·杜法尼尔峡谷，欧鲁普雷图位于相同名字的山的半山坡。它是米纳丝杰累斯的富有的采矿地区中心，是采矿和文化中心。"黑金"之称来源颇为有趣，因这里的金矿中含有金属元素钯，钯有吸收气体的特性，使金黄的表面呈现出黑色的光泽，因此欧鲁普雷图又被称为"黑金之城"。

欧鲁普雷图古城的街巷狭窄而幽深，街道蜿蜒起伏。路面用卵石铺砌。房屋大部分是白色的平房或两层楼。许多建筑、绘画、雕刻，都保持着殖民地时期的风格。

1696 年，这里发现了大型金矿，淘金者蜂拥而至。发了财的人纷纷请工匠为自己建造富丽堂皇的住宅。一时间，古城初具规模。1712 年葡萄牙国王降旨将该地升格为城市。18 世纪，米纳斯古拉斯州是世界上的黄金产地，黄金产量占全世界黄金产量的六成，米纳斯古拉斯成为巴西的艺术中心。而米纳斯古拉斯州的城市欧鲁普雷图古城在各方面也得到了长足的发展。

欧鲁普雷图城中心的铁拉邓梯斯广场两侧，建有两座殖民时代的公共建筑。一座是 1741 年动工兴建的前地方长官公邸，现改为矿物博物馆。另一座是当时

的地方政府所在地，建于 1763 年，1907 年起当监狱使用了 30 多年。

欧鲁普雷图古城建有巴洛克风格的教堂，具有很高的艺术价值。迪亚斯教堂是欧鲁普雷图城最宏伟的教堂之一，是在 1724—1760 年间，由巴西伟大的雕刻家和建筑家安东尼奥·弗朗西斯科主持设计施工的。花费 30 年时间于 1794 年建成的圣弗朗西斯·德·亚西斯大教堂也是他的杰作。1711—1733 年间建造的皮拉尔教堂的装饰十分豪华，仅装饰大殿就使用了 400 千克黄金。

相似的建筑群由红色的瓷砖房顶和粉刷的白色墙壁的一层和两层住房组成；它们的木结构单元和装饰是彩绘的明亮颜色。更多纪念性建筑包括装饰过的砖石结构教堂受晚巴洛克风格的影响，还有大量的城市建筑由泥砖建成。小礼拜堂与交错的路口，桥梁与花园组成了城市整体。